C湛庐文化
Cheers Publishing

a mindstyle business
与 思 想 有 关

THE SELF-MADE BILLIONAIRE EFFECT

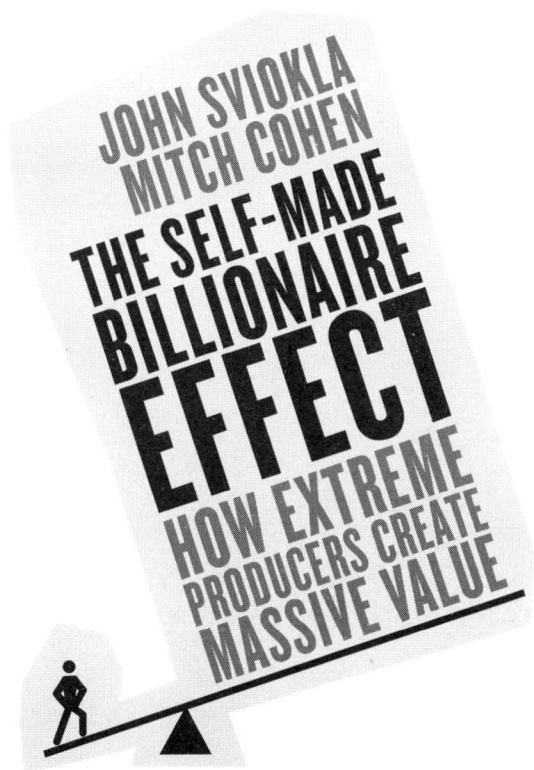

JOHN SVIOKLA
MITCH COHEN
THE SELF-MADE
BILLIONAIRE
EFFECT
HOW EXTREME
PRODUCERS CREATE
MASSIVE VALUE

高价值创造者的5个思维习惯

[美] 约翰·史维奥克拉（John Sviokla）
米奇·科恩（Mitch Cohen） ◎著　　马杰 ◎译

浙江人民出版社
ZHEJIANG PEOPLE'S PUBLISHING HOUSE

THE
SELF-MADE
BILLIONAIRE
EFFECT

| 目 录 |

想知道自己是否具备高价值创造者的潜力，

扫码下载"湛庐阅读"APP，

"扫一扫"本书封底条形码，

参与测试。

前言

与众不同的亿万富翁

每当发现自己和大多数人站在一边，你就该停下来反思一下。

马克·吐温
美国作家

THE SELF-MADE BILLIONAIRE EFFECT

试想，如果 20 世纪 80 年代雅达利（Atari）能够留住史蒂夫·乔布斯，让他参与开发首台面向大众的个人计算机，雅达利会取得什么样的成绩？如果史蒂夫·凯斯（Steve Case）留在百事可乐，而不是孤注一掷创办美国在线，那他会为百事可乐做出什么贡献？如果约翰 – 保罗 – 米切尔系统公司（John Paul Mitchell Systems，以下简称 JPMS）的联合创始人约翰·保罗·德乔里亚（John Paul Dejoriaw）没有因为不同寻常的销售风格遭到解雇，丽得康（Redken）会不会已经成为首个引爆美发沙龙行业的护发品牌了？如果迈尔斯实验室（Miles Laboratories）采纳时任公司律师迈克尔·贾哈里斯（Michael Jaharis）的主意，在泰诺成为家喻户晓的品牌前就抢先给扑热息痛药品注册商标，并且积极营销，会不会已经成功了？如果当初所罗门兄弟公司留住迈克尔·布隆伯格（Michael Bloomberg），结果会怎么样？如果贝尔斯登公司采纳斯蒂芬·罗斯（Stephen Ross）的创新想法，结果又会怎么样？

乔布斯、凯斯、德乔里亚、布隆伯格、罗斯以及 Broadcast.com 的创始人马克·库班（Mark Cuban）、Celtel 公司的创始人穆罕默德·易卜拉欣（Mohammed Ibrahim）、石油大亨 T. 布恩·皮肯斯（Thomas Boone Pickens），还有其他很多极其成功的企业家，他们在创业前都曾在知名公司工作过。他们中有些人创业是为了逃离公司的约束，有些人则是被迫离开，但每个人都白手起家，最终成为亿万富翁。他们都创办了自己的企业，打造出了标志性品牌，有些还实现了多元化经营。他们和其他约 800 位在世的白手起家的亿万富翁一起，影响着世界各地人们的衣食住行，我们几乎每一天都会接触到他们创造的产品或服务。

但是，如果这些能够创造巨额价值的人才决定留在原来的公司追求他们的理想，他们原来的雇主会变成什么样？换句话说，为什么现有公司不能像白手起家的亿万富翁那样创造巨额财富？在很多情况下，大公司是有能力创造出巨额财富的，毕竟这些白手起家的亿万富翁都曾经是它们的员工。如今，很多聪明优秀、经验丰富的领导者眼看着自己的公司被急剧的外部变化压得喘不过气来，这个问题成了他们首要关注的一个问题。

当今的社会环境下，关于创造、维持价值的所有基本假设都处于不断变化中：什么能造就有效规模？竞争对手是谁？顾客是谁？他们想要什么？谁又拥有什么？风险在哪里？普华永道最近针对 CEO 进行的一份调查显示，超过一半受访者预测，在不久的将来他们需要逐步或大规模调整战略以应对变化。将近 70% 的受访者表示他们关心人才问题；25% 的受访者认为，公司在过去一年因为缺乏善于掌控机遇的人才而错失商机。**但很多白手起家的亿万富翁在创业前都曾在大**

公司里担任中层管理者的事实表明，调查中的受访者并没有正确认识人才问题。实际上，他们拥有人才，只不过没有用心识别人才、培养人才。

总之，这份调查表明，领导者不知道在当今环境下如何应对持续创造价值的挑战。这些领导者在整个职业生涯中，都在留心培养、提拔拥有正确判断力的管理者。正确的判断力确实是一种很重要的能力，能让人看到世界原本的样子，并根据现实做出明智的战略决策。如果游戏规则确定、可变因素已知，判断力确实能发挥最大的作用，但当今世界不断变化，可变因素也在不断变化，你又该怎么办呢？

为了回答这个问题，我们决定仔细研究能在不断变化的时代持续蓬勃发展的领导者和企业。尽管如今挑战重重，可用技能和巨大机遇之间明显不匹配，但依旧有一批人以惊人的速度创造了巨额财富，这些人就是白手起家的亿万富翁。我们对这些人的定义包含：通过创业创造出超过 10 亿美元财富的人；如果是继承了某些财富或接手经营企业的人，只要他们能够将资产价值扩大 100 倍以上，也称得上是白手起家的亿万富翁。

2012 年，全世界共有 800 多位白手起家的亿万富翁，占所有亿万富翁总数的比例超过 2/3。总体来讲，亿万富翁的财富增速比世界经济的增速更快，1987 年到 2012 年间，其财富在 GDP 中所占的比例从 2% 涨到了 7%，增长了 3 倍多。

我们为什么要研究这些白手起家的亿万富翁？因为创造超过 10 亿美元财富是一项惊人的壮举。如果你按部就班地努力工作，可能会成为一名一流的会计或律师。多年努力再加上一点儿运气，你有可能成为普华永道会计师事务所或某家律师事务所的合伙人，也有可能进入《财富》500 强企业的最高管理层。坐上这个位置的你很可能成为千万富翁，但变成亿万富翁的可能性几乎为零。获取财富有明确的方法，但是获取巨额财富并没有行之有效的方法。想要获得亿万财富，就必须得做一些非同寻常的事情。好运可以帮忙，但只能将一个价值百万的想法变成百万富翁。想要成为亿万富翁，你不仅需要运气，还需要其他很多东西。

在不断变化的环境中，白手起家的亿万富翁的事业依旧蒸蒸日上。以红牛创始人迪特里希·梅特舒兹（Dietrich Mateschitz）为例，他创造了一股饮料热潮，忠诚的粉丝甚至将这种饮料当止咳糖浆来喝。又如萨拉·布莱克利（Sara Blakely），她曾做过传真机销售员和脱口秀演员，为了解决内裤线条在白色裤子下面外显这一常见问题，她创建了 Spanx 袜业公司，生产自己想要的产品。另一位白手起家的亿万富翁、风尚引领者奥普拉·温弗瑞对 Spanx 袜子的赞美，引发了销量的爆炸式增长，而同一时期，一些实力雄厚的袜业公司的收益都在骤降。又比如晨星公司（Morningstar）创始人乔·曼斯威托（Joe Mansueto），23 岁时，为了更好地操作自己的个人投资组合，他强迫自己在数十份共同基金的招募说明书中仔细挑选。看着身边堆成小山似的文件，他想："乖乖，这有可能成为一桩不错的买卖。"梅特舒兹、布莱克利、曼斯威托和其他几百人都创造了拥有巨额利润的生意。

通过更深入地研究白手起家的亿万富翁，我们发现，他们拥有正确的判断力。他们了解真实的世界，能承受选择的痛苦，面对残酷的现实仍愿放手一搏。但是真正让他们与众不同的是，他们能在正确的判断力和非凡的想象力之间取得平衡。

在判断力和想象力之间取得平衡是一件极具挑战性的事情。神经科学研究表明，对大多数人而言，判断力和想象力在神经图谱中处于两个相反的位置。经验更丰富的人容易看到事情本来的样子（判断力），而很难看到事情可能的样子（想象力）。但这些白手起家的亿万富翁突破了将判断力和想象力放在对立位置的二元心智图谱。他们掌握了获取平衡的技巧和习惯，而本书的写作目的就是，帮助公司和个人采用这些技巧和习惯来提升创造价值的能力。

那么，亿万富翁效应的源泉是什么？是什么让他们创造出了如此巨大的价值？他们是如何克服困难，在判断力和想象力之间做出权衡的？还有其他什么技能、习惯、生活经历或者天分使他们与普通人不同？最重要的是，作为管理者，我们需要寻找、培养人才，依靠人才在富有挑战性的时代推动企业持续发展，而这些洞见能在人才方面告诉我们什么？

我们将在后面的章节中回答这些问题，并基于自身的研究，介绍亿万富翁与一般企业管理者的不同之处。这些研究发现不仅让我们吃惊，也改变了我们看待人才管理的方式，以及对企业引进、培养人才的期待。

引言

打破神话，揭开亿万富翁成功的秘密

一流智慧的检验标准是，同时持有两种对立的观念，还能正常行事。

菲茨杰拉德
作家

THE SELF-MADE BILLIONAIRE EFFECT

19 84 年，迪特里希·梅特舒兹 40 岁，在德国化妆品公司 Blendax 担任销售主管，每天向世界各地的零售商推销牙膏和化妆品，平淡无奇的生活令他备感厌倦。"我看到的都是一成不变的灰色飞机、灰暗西服和灰白面容。所有的酒店、酒吧看起来都一样，待在里面的女人也都一样。我扪心自问，下一个十年是否还要这样度过？"在一次去泰国旅行时，梅特舒兹看到了一个有可能改变他职业生涯的机会。

一天早上，梅特舒兹在酒店看报纸，他读到日本的一家公司生产的一系列超甜保健饮料在亚洲非常流行，这家公司因此成了日本纳税最多的公司。梅特舒兹知道这种饮料，他还曾喝过这种饮料来对抗时差，不过他在西方国家还没有发现类似的产品。梅特舒兹没想到销售这种饮料这么赚钱，他立刻决定辞职创业，创办一家在欧洲生产、销售这种饮料的公司。

几年后，梅特舒兹和泰国合作伙伴许书标（Chaleo Yoovidhya，牙膏生产商，也生产饮料）创办了红牛公司。他们先在梅特舒兹的家乡奥地利和斯洛文尼亚推出了招牌碳酸饮料，接下来不到十年，就将红牛打入了英国和德国市场，并最终成功进入了巨大的美国饮料市场。在进入的所有市场中，红牛都能掀起一股热潮。20 世纪 90 年代和 21 世纪初，红牛开拓了一个新兴的"功能饮料"市场，既不是"佳得乐"那样的运动饮料，也不是"激浪"那样的碳酸饮料。作为含咖啡因的超甜碳酸饮料，红牛将甜汽水和极限运动融合起来，成为一种全新的"给你插上翅膀"的饮料。梅特舒兹重新调制饮料配方，与带给他灵感的那款日本饮料相比，他设计的饮料所含的碳酸浓度略低。同时，他重新设计了传统饮料的包装，改用更小巧的 8 盎司容量的新式包装，借此告诉消费者这不只是另外一种可乐。

今天，红牛不仅仅是一家饮料公司，还是一家传媒公司，在 F1 与 Nascar 中拥有自己的车队，也是登山运动、滑雪运动和其他极限运动的赞助商。套用创始人的说法，红牛还是一种生活哲学，代表一种刺激肾上腺素飙升的亢奋生活状态。红牛能取得这么巨大的成就，都源于当初的一个好主意。

有关亿万富翁的 7 个错误认知

表面看来，迪特里希·梅特舒兹创建红牛帝国的故事跟很多极其成功的创业故事一样：偶然迸发的灵感，建立有用的人脉关系，赌上毕生事业来一场冒险。但是，并非每一个灵感、每一条人脉关系、每一次冒险都能带来亿万财富。并非所有的好创意都能带来成功，这不得不让我们提出本书的一个根本性问题：白手起家的亿万富翁究竟靠什么创造了巨额财富？

在回答这个问题时，企业领导者总是老生常谈，比如，极其成功的企业家敢于冒险，或者把开发新市场作为事业重心。尽管起初我们并不知道这些说法是否正确，但是就这些说法本身而言，它们似乎解释不了这些白手起家的亿万富翁所取得的成就。冒险者很多，但能够获取高利润的很少。很多企业家进入新兴市场，但是很少有人能引起轰动。

因此，我们认为问题的答案要复杂得多。为了找到答案，我们从商业文献入手，以期找到学者探究白手起家的亿万富翁得到的结论。原本我们期待能发现一些有关白手起家的亿万富翁的行为、性格和成功秘密的学术成果，然后以这些学术成果为基础来解答问题，但结果令我们大吃一惊，竟然没有人对白手起家的亿万富翁做过系统的研究。我们从杂志和自传中找到了很多零散的故事和自述，但很少有人尝试系统地研究这些亿万富翁成功创业的奥秘，即便有，那些研究成果也常常自相矛盾。

我们意识到，想要得到答案，只能靠自己了。不过这样也不错，没有之前的研究成果做参考，就不用担心受其影响了。

2012 年，我们在普华永道成立了一支研究团队。为了确定研究对象，我们在 2012 年福布斯全球亿万富翁排行榜中进行筛选，排除掉那些从父母、配偶或其他家庭成员处继承财富的人，也排除掉那些在因缺乏监管透明度而无法公平竞争的市场中经营的亿万富翁。尽管所有亿万富翁都会利用经济形势，但是我们选择关注那些在相对透明和公平竞争的市场中经营的亿万富翁。

经过筛选，剩下约 600 人，我们进而从中随机选取 120 人，并且进行微调，以保证样本能反映出亿万富翁的地理和行业分布，然后开始尽可能多地了解他们。我们收集一切能找到的关于研究对象的文字介绍，挖掘他们的生平信息，诸如籍贯、年龄、婚姻状况、家庭成员之类，以及职业生涯轨迹。比如：他们第一次创业是什么时候？他们主营业务增长的拐点在哪里？他们如何从普通领导者变身为巨额价值的创造者？同时，我们邀请了很多名单上的人接受采访，以便进一步了解他们。

随着数据收集和采访的推进，我们明显发现，很多受到吹捧的有关亿万富翁的老生常谈根本经不起数据的检验。

创业不只是年轻人的事

科技时代出现了很多少年得志的天才，从而给世人这样一种感觉：大多数白手起家的亿万富翁很早就冲上了财富榜。的确有很多人在年轻时就创办了自己的首个公司，并赚到了首笔亿万财富，像比尔·盖茨、迈克尔·戴尔和马克·扎克伯格，但我们研究的对象中，绝大部分人，比如迪特里希·梅特舒兹，年过四十才赚到亿万财富。研究对象中，超过 70% 的人都是在 30 岁后才产生了成为亿万富翁的想法，或是完成了职场转型（见图 0-1）。

科技创业不是唯一的道路

科技时代带给人们的另一个错觉是，想要白手起家成为亿万富翁主要还得走科技这条路。人们常把科技领域当作新财富和精英的堡垒，在这个堡垒里，任何拥有好主意、愿意付出长久努力的人都能爬到顶层。但实际上，样本中的亿万富翁来自科技领域的不到 20%。就数量而言，在投资理财和消费品行业白手起家的亿万富翁数量不比科技行业的少很多。总体来讲，我们的样本覆盖了 19 个不同的行业，包括能源、服装、食品饮料、出版、印刷、房地产开发、娱乐、酒店，也包括科技和科技服务行业。

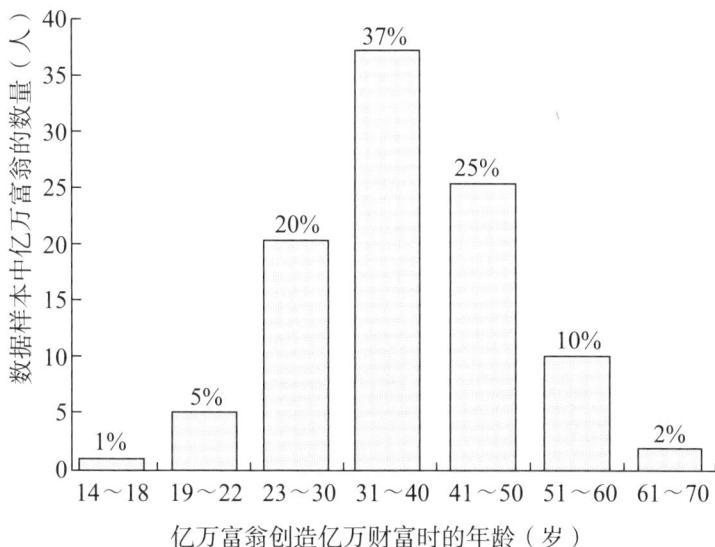

图 0–1

纵轴：数据样本中亿万富翁的数量（人）

横轴：亿万富翁创造亿万财富时的年龄（岁）

- 14～18：1%
- 19～22：5%
- 23～30：20%
- 31～40：37%
- 41～50：25%
- 51～60：10%
- 61～70：2%

图 0–1　大多数亿万富翁推出能引起轰动的想法时已经是职场老手

谁说红海不能创业

人们通常认为，白手起家的亿万富翁都创造了一些全新的事物。欧洲工商管理学院（INSEAD）的 W. 钱·金（W. Chan Kim）教授和勒妮·莫博涅（Renee Mauborgne）教授曾提出"蓝海"的概念，之后人们常常认为亿万富翁都是从蓝海起航的。毫无疑问，探索新市场更有可能收获高收益，但是大多数白手起家的亿万富翁并没有走这条路。相反，样本中超过 80% 的亿万富翁是从竞争激烈、非常成熟的红海行业中赚取到亿万财富的。

迪特里希·梅特舒兹就是一个很好的例子，他把红牛定义为能量饮料，打入现有的饮料市场。为了和市面上现有的饮料区分开，他改用更小巧的 8 盎司容量包装瓶，同时采取相当于一瓶可乐两倍售价的高价位路线。这种小技巧可能不如新市场里的重大创新那样让人觉得了不起，但却极具价值。

成功不只靠运气

我们做了一个简单调查，询问周遭的亲朋好友对白手起家的亿万富翁的看法，很多人都认为他们只是"一时风光"，也有很多人坚信这些白手起家的亿万富翁就是运气好。如果样本中大多数人只有一次成功的经历，我们可以认为他们是靠运气。但是数据让我们相信，光凭运气，这些人无法获得如此成就，因为超过 90% 的调查对象拥有多领域的成功经历。

是大剥削者，还是大慈善家

没有哪家成功的企业能够免受行为不道德的指责，它们总在某些方面被人们诟病，亿万富翁尤其容易受到这样的指责。我们不是说所有亿万富翁都很纯粹，但整体来讲，样本中的亿万富翁创办的企业最后都能在其行业内承担起相当的社会责任。此外，很多亿万富翁都签署过捐赠协议，承诺将捐赠自己一半以上的净资产；也有很多亿万富翁活跃于慈善事业或社会项目中。

一夜成名与厚积薄发

似乎总有些人在创建公司后，能够凭借爆品快速进入大众视野，但实际上，很多白手起家的亿万富翁是通过多年专业投资、长期致力于某个市场后才取得巨大成功的。他们很早就表现出创业动力：超过 50% 的调查对象 18 岁前就开始第一份工作；将近 30% 的调查对象 22

岁之前就已经创建了第一家企业；大约 75% 的调查对象 30 岁之前就创建了第一家企业（见图 0-2）。注意：有些亿万富翁出身卑微，因而早早开始工作，但只占少数；超过 75% 的白手起家的亿万富翁出身中产阶级或中产阶级以上的富裕家庭。

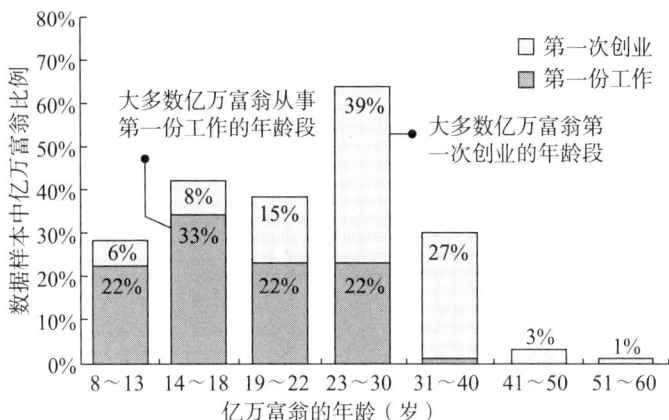

图 0-2　亿万富翁创业早

天赋很重要，但努力更重要

亿万富翁的早期创业经历帮助他们在很多关键领域得到了大量锻炼，提升了他们的技能。调查对象中，超过 75% 的亿万富翁从事过销售工作；大约 70% 的亿万富翁 30 岁前已经要为部门的盈亏负责。

这七大违反直觉的认知让我们清楚地看到，很多人对于亿万富翁的了解，实际上跟研究调查呈现的结果有很大的出入。

高价值创造者与执行者

让我们从零开始探究白手起家的亿万富翁真正的过人之处。透过研究数据，我们发现，白手起家的亿万富翁在应对创造新价值带来的挑战方面，与大多数企业管理者有所不同。不知为什么，白手起家的亿万富翁都能够跨越阻碍他们创造价值的障碍，而大多数管理者却被这些障碍绊倒。

我们原以为会发现，白手起家的亿万富翁早期曾受到一些常见的外部因素刺激，如特定经历或环境，从而激发了他们创业的动力。也许他们中大多数人必须得跟人生早期面临的生存挑战做斗争，要么家庭条件不好，要么家庭条件过好。然而研究数据很快清晰地显示出，跟常人相比，这些亿万富翁并没有遇到特定的环境和经历。出身于非常贫困家庭的和出身于非常富裕家庭的人数相当，未能接受大学教育的和获得博士学位的比例相等。

THE SELF-MADE BILLIONAIRE EFFECT
高价值创造者的思维习惯

进一步深入探究，我们清晰地认识到，这些白手起家的亿万富翁的共同点并不在于外在环境，而在于内在思维习惯。他们能将想法和行动结合起来，但大多数人和企业则倾向于将想法和行动分开，甚至将它们对立起来。我们称这种对立共存为二元性。白手起家的亿万富翁能在二元世界里高效运转：多种想法、多个角度和多重尺度完美共存。

白手起家的亿万富翁的这些独特的思维习惯以各种各样的方式发挥着作用。我们已经提到过培养想象力（预见未知的能力）和保持判断力（看到事情本来样子的能力）的共存。亿万富翁在时间管理、推行理念、控制风险以及平衡企业人才储备方面都会用到类似的二元性。**这些思维习惯的二元性使他们能够像所谓的"高价值创造者"（Producer）一样发挥作用：能预见新产品，集结人才和资源共同创造新产品，再把新产品卖给那些并不知道自己是否需要这件产品的顾客。**

相反，现代企业却将这些二元性划分成不同的职能部门，然后让擅长在已知体系内进行优化的人才来管理这些部门，我们将这类人才称为"执行者"（Performer）。执行者往往有自己擅长的领域，他们能否获得赞美、得到提拔，取决于他们在某一个舞台上的表现。在确定的环境中，专一型人才能取得超凡脱俗的成绩，进而巩固功能驱动型体制，这在很多商业领域非常重要。然而，功能驱动型体制却会阻碍高价值创造者培养思维和行动的二元性。

科幻作家托马斯·迪施（Thomas Disch）曾写道："创造力就是能在没有关联的地方看到联系的能力。"实际上，寻求联系是人类的天性，但是创造全新的事物不仅需要能看得到联系，还需要能够把真实的联系和虚假的联系分开。并非所有想法都是好想法。一个人要有综合能力才能辨别出手中的是金子还是石头。首先要发现对顾客重要的联系，进而引发出全新的富有同理心的洞察力。

在很多公司，整合观点都是有违直觉的。多年来，企业都讲求最优化和效率，它们很多已经变得只擅长分解问题，然后成立不同的职能部门来处理不同的问题。这些公司提拔执行者，让执行者在这些分离开的职能部门中发挥才能。相比之下，高价值创造者则特别喜欢将相互冲突的元素整合起来。

在二元世界里高效运转并不是说"按时交货并不超出预算"，或者"在让顾客满意的同时降低成本"。公司常常使不同的目标处于冲突状态下，从而创造挑战，建立更远大的目标。但是很明显，大多数情况下，两个看似冲突的目标其实并不矛盾。即便公司领导者的要求是"两者兼顾"，但是大家都知道哪个才是真正重要的。如果你能够实现可以量化的短期目标，公司就一定会支持你。

对抗天性

高价值创造者天生拥有某些使人在二元世界成功的思维习惯，但是偏向执行者一端的大多数人并非天生拥有这些习惯。大多数管理者能够同时处理的想法和问题非常有限。大脑中的"工作记忆"系统能让我们同时处理多种想法或观点，人们可以试着提升工作记忆，但并不一定能让自己拥有二元性。十多年的心理学研究发现，人类通常不喜欢将对立的想法融合起来。实际上，面对那些挑战我们核心理念的想法时，我们倾向于选择怀疑或忽视。

但是，我们能够改变自己的本性。样本中很多白手起家的亿万富翁似乎天生就是高价值创造者，但是上文提到过，实践和长期专注于一个市场也很重要，他们中很多人正是靠着这两种特性获得成功的，这表明他们同样需要通过磨炼和培养思维习惯才能成为成熟的高价值创造者。是的，天赋异禀的确很重要，但是每个人，包括天生的高价值创造者和天资聪颖的执行者，都能培养和磨炼这种思维习惯，使自己成为更好的管理者、董事、企业家，成为更有创造力的思考者和更大价值的创造者。而且，所有的企业都能建立有助于培养高价值创造者的组织结构。

以马拉松比赛为例，世界上只有少数人天生拥有运动员般的耐力和耐痛力，能够在波士顿马拉松、纽约马拉松或伦敦马拉松等世界知名比赛中，与职业运动员同场竞技。但是，大多数身体健康的成年人只要愿意投入时间和精力，也是能够完成全程马拉松的。即使有些人仍然无法跑完 42.195 公里，他们的心理和生理在训练后也能有大幅提升。

高价值创造者的思维习惯也是同样道理。并非人人都有创造亿万财富的好点子，也并非人人都能将好点子变成好产品。但是，所有人都能够按部就班地在自己的工作领域创造更多价值。实现这个目标的第一步就是理解这种思维习惯，在个人、团队和企业中培养这种习惯。接下来的章节将会展示如何在现实中立足于这些习惯，进而采取行动。

本书开篇就强调过，很多白手起家的亿万富翁在自己创业前都曾在知名企业任职。有些人将知名企业当作跳板，作为自己独立创业前学习的地方。也有一些人是因为自己的思考方式、想法不被认可或未得到重视，经受重重挫折后被解雇或被迫辞职。无论是哪种情况，雇用他们的公司都没有提供创造巨额财富的环境。因而，斯蒂芬·罗斯、菲尔·奈特（Phil Knight）[①]、乔·曼斯威托和乔治·索罗斯（George Soros）以及其他很多这样的人选择自己创业来创造新的巨额财富。

其实，也没必要非得这样。想想有多少人离开了你的公司，继而在别的地方创造了巨额价值？如果他们留下来会发生什么呢？企业领

---

① 想了解菲尔·奈特的成功经历，推荐阅读《鞋狗》。该书中文简体字版已由湛庐文化策划、北京联合出版公司出版。——编者注

导者可以学着识别崭露头角的价值创造者，支持他们的想法，为他们提供在企业内成功发展的空间。

5 个思维习惯

培养思维习惯的二元性，首先要理解哪些二元性最重要。我们在白手起家的亿万富翁群体中观察到以下 5 个关键的二元性：

想法：同理心 × 想象力

有些人只能看到变化，但高价值创造者在同样的地方却能看到其中蕴含的巨大潜力。他们深切地感受到消费者的需求，并结合消费者的需求，运用富有想象力的思维习惯，探寻新的未经检验的想法。

时机：耐心 × 行动力

高价值创造者没法预测进行投资或让产品上市的确切时间，但是他们愿意同时以不同的节奏在多个时间框架内进行操作。他们知道时机是不可控的，因此同时采取多种工作节奏：或快速推进，或缓慢进行，或静观其变。他们会尽快做好抓住机遇的准备，并耐心等待机遇出现。

行动：创造性 × 执行力

传统经营方式倾向于把创造性的职能部门和将想法带入市场的运营部门分开。高价值创造者却恰恰相反，他们首先凭借创新思维模式提出能够创造亿万财富的想法，然后将这个想法变成现实。自由的创造空间，让他们能够重新设计在他人看来一成不变的客户体验，从而释放新价值。

风险：冒险精神 × 复原力

很多人都没想到，白手起家的亿万富翁其实并不是大冒险家，只是他们担心的风险和大多数企业关注的风险非常不同。他们对风险的认知具有相对性，不会被投资失败的绝对风险所阻碍：相比失去所拥有的，他们更担心未来一无所得。如果真的遭受挫败，比如创业早期成绩平平，或者遭遇极大的失败，他们总能强力复原并再次尝试。

伙伴关系：领导力 × 合作力

人们在谈论和思考巨大成功背后的原因时，普遍认为成功是靠天才领导者的一人之力取得的，但是这种想法掩盖了好创意变成大生意的真实故事。实际上，高价值创造者绝对不是一个人闯天下。创造亿万财富不仅需要卓越的高价值创造者，也需要娴熟的执行者。高价值创造者能融合不同的想法和资源，设计一鸣惊人的产品；执行者则能利用自己的才智最大化产品的潜能。实际上，高价值创造者最重要的二元性也许不是独立，而是建立在技能互补、彼此信任之上的伙伴关系。

让我们再更深入探究这最后一种二元性，即领导力 × 合作力，因为这种二元性似乎和之前介绍过的高价值创造者同时拥有主动想象力和正确判断力的说法相冲突。高价值创造者拥有判断力和想象力二元性的说法不假，但是他们很少能在这两方面都有过人的技能。琳达·雷斯尼克（Lynda Resnick）和斯图尔特·雷斯尼克（Stewart Resnick）夫妇就是一对高价值创造者 – 执行者组合，他们一起创建了 Teleflora、POM Wonderful 石榴汁、斐济水等品牌。斯图尔特判断力很强，借用琳达的话就是，"他能够保证生意有利润"。但是，将石榴从美国西海岸健康食品商店里的稀有物品变成昂贵的大众饮料，这要靠琳达的想象力。她看到了注重健康的人对于抗氧化剂的狂热，知道该如何将这种狂热变成一门生意，从产品口味到包装瓶的形状，她都亲力亲为。她的聪明才智不仅使 POM 果汁的年销量达到数百万瓶，还在数月之内，重塑了克莱门氏小柑橘这种水果，让它成为美国人口中的"小可爱"（Cuties）。

T HE SELF-MADE BILLIONAIRE EFFECT
高价值创造者的思维习惯

很多人都会感受到那些与他们拥有不同天分的人带来的威胁与竞争压力，他们的强项相互冲突，进而造成了世界观相互冲突。相反，样本中的亿万富翁非常重视能弥补他们自身欠缺的技能和观点。他们有足够的信心和洞察力，了解这些拥有互补技能的伙伴能为他们带来怎样的价值。

变革企业多执行、少创新的现状

这些研究使我们看清楚了自己的思维习惯，也了解到我们总是在不经意间用各种方式将自己和同事推向执行者那边。我们一直在鼓励人们专注于某个领域，而不是帮助他们以新方式融合资源、创造新价值。通过聆听白手起家的亿万富翁的回忆，听他们讲述自己当初作为员工困在企业内的挫败，我们深信，领导者和企业只有做出改变，也必须这么做，才能获取高价值创造者带来的价值。

我们会在本书中详细描述改变的不同方式。首先，企业需要采取行动，鼓励所有管理者培养高价值创造者的思维习惯。现在，企业内的人才就是由执行者和高价值创造者组成的，执行者－高价值创造者的分布就像钟形曲线，顶点非常靠近执行者一端（见图 0–3）。

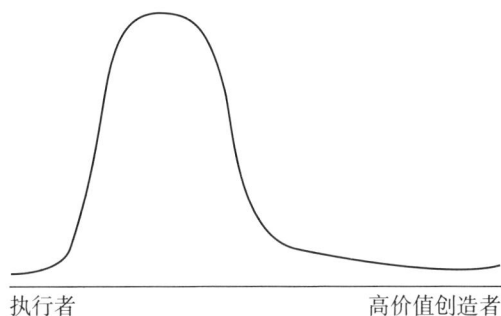

图 0–3　企业中高价值创造者－执行者的标准分布

我们提出的方法目的在于使整个公司的人才逐步从执行者端转移到高价值创造者端（见图 0–4）。

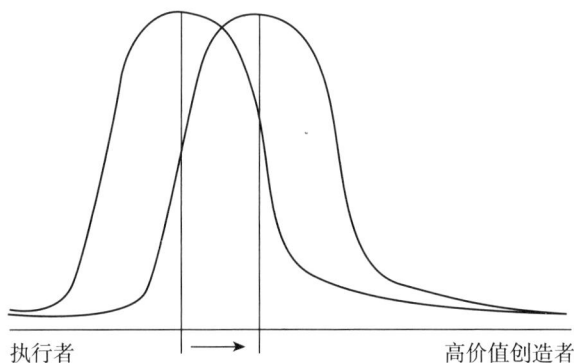

图 0–4　改变高价值创造者－执行者分布

不是所有人都能成为高价值创造者。这不是根据价值，而是根据经济做出的判断。执行者在企业中扮演着必不可少的重要角色，但是他们无法创造出巨大的价值。然而我们相信，**即使最死板的执行者，也能从培养自己和身边人的高价值创造者思维习惯中获益。身处这个不断变化的世界，培养高价值创造者思维习惯对成功来说至关重要。**

高价值创造者的才干和技能并不是在所有人身上平均分配的，对企业中不同角色而言，其重要性或有益程度有所不同。尽管富有同理心的想象力这类思维习惯对管理者有着重要和明显的益处，但是并非人人都需要在创造性执行和尝试改变经营模式上花费大量时间，更没有多少人需要纯粹的应对风险的高价值创造者思维模式。

我们精心设计了后面章节的顺序，以便你随着观点的深入不断调整需要学习这些理念的人员数量。这样，你就可以针对企业内不同的员工培养他们不同的思维习惯。随着深入阅读本书，采用这些经验策略，你就能进一步辨别出企业中哪些人有进一步发展所必需的高价值创造者的品质和能力。每章最后都有建议，目的在于逐步提高你创造新价值和捕捉新价值的能力。

当然，我们不会停留在这个层面上，渐进式的改变根本不够。调整执行者团队至关重要，但仍不足以应对大多数企业面对的挑战。想要脱颖而出，企业至少需要发现并留住一部分卓越的高价值创造者，这需要企业进行更深层次的文化与组织结构变革，我们将在最后一章对此进行讨论。结语部分提供了改变企业的其他步骤方法，以帮助企业吸引并留住一流的高价值创造者。"留住"并不意味着一流的高价值创造者将永远成为企业的员工，总会有人选择离开，这正是纯粹的高价值创造者的本质。然而，营造高价值创造者友好型氛围，是为你与在你的企业待过的高价值创造者保持联系打下基础，也是为你们将来成为合作伙伴做好准备。

01

同理心 × 想象力，设计爆品的艺术

灵感的确存在，但是它需要我们去发现。

毕加索
画家

THE SELF-MADE BILLIONAIRE EFFECT

20世纪 80 年代，24 岁的乔·曼斯威托开始购买共同基金，他感觉自己仿佛进入了一个孤独的领域。共同基金在大萧条之前就已经出现了，但只是一个小众群体的利基产品。当时只有有钱人才有办法投资股票市场，并且他们中大多数人都会依靠推销个股的经纪人。很少有经纪人愿意推销共同基金，因此几乎没有散户买。

但这些都没有让曼斯威托却步。曼斯威托做事向来一丝不苟，他联系了多家共同基金公司，订阅他想跟进的基金季报，不管花多少工夫都不介意。季报邮寄过来，小山似地堆在前门，曼斯威托就把它们拖进自己的单身公寓，在餐桌旁仔细阅读。有一次在研究时，他突然想到，如果有人能将这些列入比较的基金的所有信息以简单、吸引人的格式做成报表，让人们能基于某种特点进行快速评估就好了。据曼斯威托回忆，自己当时心里想着："乖乖，这可能是笔不错的生意。"

曼斯威托在一家投资银行和一家财务管理公司学习了一小段时间的金融行业知识，两年后成立了晨星公司，专门研究投资，重点研究共同基金绩效。随后 30 年，美国共同基金从小型利基产品发展成为主流投资工具，市场上有 8 000 多种期权和 2.8 万亿美元投资基金。晨星公司借助共同基金的增长，为主流投资者提供具有明显价值的产品，如今已很难想象人们居然不靠晨星产品操作的时期了。1984年，曼斯威托编辑了第一份旗舰报告《共同基金读物》（*Mutual Fund Sourcebook*），从那时起，晨星公司的规模就呈指数级发展，到如今已经成为跨国、多产品的基金评级机构。

同理心 × 想象力，挣脱思维的枷锁

乔·曼斯威托创业的例子让我们看到了发生在亿万富翁群体身上的一组动力：**一个面临变革的市场；一个不为人知、有待开发的市场需求；一个能用同理心感受到顾客需求，并通过想象力将这种同理心转变为极具社会潜力的绝佳商业构想的高价值创造者。同理心和想象力这种二元能力，就是高价值创造者缔造爆品创意的准则。**

事后看，很容易看出爆品创意是独特并富有创造性的。价值亿万的企业成功后常常被如此评论，但是，这其实掩盖了真相：高价值创造者早年创业时曾遭遇过近乎残酷的抵制。对高价值创造者想要开发的市场知道得十分清楚的人认为，他们的想法绝不可能成功。例如，Spanx 的创始人萨拉·布莱克利，她花了很大力气才找到一家愿意为她生产样品的袜厂，因为很多工厂老板认为她是痴人说梦，连这个市场的老牌公司蛋袜（L'eggs）和恒适（Hanes）的收益都在下滑，她推出的塑身衣在这个疲软的市场注定失败。

这些例子说明，好想法很难被发现，爆品创意更难被发现。但是，为了看到他人看不到的潜力，高价值创造者会有意精心培养同理心和

想象力，提出缔造爆品的创意。

那么，高价值创造者怎么才能看到别人看不到的潜力？他们如何将同理心和想象力融合起来？他们的爆品创意来自哪里？

THE SELF-MADE BILLIONAIRE EFFECT
高价值创造者的思维习惯

我们的研究显示，高价值创造者通过一种名为"发散思维"的创造模式来生成创意性想法。发散思维指的是为了找到问题答案，让不同的想法和联想自由交流。每个参与企业战略层面的人都必须有点儿发散思维。输出质量的差异，准确地说是想象力的差异，取决于输入质量、输入种类，以及高价值创造者是更重视想象某个想法可能会带来什么，还是更重视根据既有现实判断某个想法可能会带来什么。富有想象力的人能够二者兼顾，他们能够提出新想法，同时评估怎么改进、强化这个想法。

这一点跟企业界的绝大多数经营方式明显不同。大多数人先天习惯把想象力和评估能力分离开来，而后天的文化影响、教育训练、畏惧犯错等方式，又让我们的想象力被进一步抑制，只关注那些感觉稳妥并可实现的想法。因此，当需要提出新想法时，我们不会允许自己真正开诚布公地问"如果……将会怎样"这类问题，在开始前，我们就已经给思维套上了枷锁。比如，我们会告诉自己：新想法必须为已有的客户服务，或者实施想法时得使用已经掌握的技术，又或者想法要在一年内赚到一定数量的钱。如此一来，我们只能提出那些自己觉得决策者会接受的想法，或是符合现有市场、战略目标的想法，或是那些有基础设施和技能实现的想法。很明显，这些想法慢慢才能见效。在摸索出如何实现指数级的发展之前，渐进式的改善是很不错，但是对很多企业而言，渐进式的发展目前有其局限，不大可能产生重大突破。

真正的高价值创造者不会这么做。他们不会因为某个想法看似离谱、不可能或很难实现就选择放弃。**高价值创造者一生都在磨炼技能，培养好奇心和同理心，充满想象力地构思一些想法。因此，他们在思考时能够避开画地为牢，拥有创造巨大价值的洞察力。**

经验 + 想象力，相信你自己

费城老鹰队的老板亿万富翁杰弗里·劳瑞一直都是个球迷。他在波士顿长大，不管电视里播的是足球赛、篮球赛、棒球赛还是曲棍球赛，他都会看。进入职场后，他加入了家族企业，在祖父创立的连锁影院 General Cinema 担任总经理，做家族企业和好莱坞电影制片厂的联络人。几年后他又成立了自己的制片公司哈考特（Harcourt），制作过几部电影，在影院和电视上进行分销。不管以哪种标准来衡量，他当时都很成功，其中一部电影《监守自盗》（*Inside Job*）还得了奥斯卡奖。

尽管如此成功，但到了 20 世纪 90 年代初期，劳瑞开始意识到自己是在错误的地方追求人生的价值。劳瑞的办公室宽敞明亮，透过办公室的落地窗可以俯瞰老鹰队球场，我们在那里采访了他。他说："我渐渐开始明白，那时候电影、电视行业和体育行业之间是分离开的，它们之间几乎没有任何联系。没人注意到美式橄榄球联盟（NFL）在电视上受欢迎的程度，已开始超越好莱坞制作的影片。市场非常重视电视节目制作，但对于保证收视率的节目却没有一个正确的认识，比如 NFL 比赛。加上这种分销模式刚开始，除了传统的美国国家广播公司（NBC）、哥伦比亚广播公司（CBS）和美国广播公司（ABC）之外，一些付费的有线电视开始出现，如 HBO、娱乐时间（Showtime），观众开始看卫星电视、有线电视。不过，互联网还未出现，因此没人能准确预测出局势会怎么发展，但我感觉应该会有重大的改变。"

和很多缔造爆品的创意一样，在电视真人秀时代，观众明显愿意接受体育是一种娱乐形式，因此体育节目的价值能够与《国土安全》（Homeland）一类的电视剧相媲美。实际上，劳瑞的见解在当下体育界占据主导地位，连体育教练都常常称他们从事的职业是娱乐业的一部分。但是在谈话中，劳瑞一再重申，他一开始并不确定橄榄球将来会成为一种娱乐。

有记录证实了他的言论。早在 1994 年，劳瑞就与当时老鹰队的老板诺曼·布莱曼（Norman Braman）洽谈收购事宜，并最终以 1.85 亿美元成交，这可是 NFL 球队有史以来最高的收购价，价码之高，连劳瑞自己都有些忐忑。成交时他才清楚地看到了自己买入的是一批破旧不堪的训练设施和一个满目疮痍的球场。"走到那儿，我看着这些设备，心里想，'就买了这？还有没看到的吗？'老鼠在我待的那个没有窗户的办公室里乱窜，周围人的眼神似乎都是在问，'这个愣头青是谁？'"

同一天，《华尔街日报》发表了一篇文章，批评布莱曼在老鹰队任期内的种种作为和劳瑞的此次收购，该报道的记者点评说，这次收购是少年冲动式的收购，收购价格远远超过了老鹰队的价值。

提到对《华尔街日报》这篇文章的反应，劳瑞说："最糟糕的是，当时我想，'我觉得他们说的没错，我刚把 1.85 亿美元打给诺曼·布莱曼，他一定是耍了我。我不知道自己在干什么，也不知道他们打的什么算盘，此时的我一定很蠢。'"但是，一切都太晚了。不过劳瑞也不是消沉的人，不管怎样，这些感觉都渐渐消散。他开始相信自己的洞察力，相信体育界和娱乐界将会合并。既然收购了老鹰队，他的职责就是重振这支队伍，让它成为世界一流的球队，激发闻名全美的费城粉丝的忠实和热诚。"我收回那些话，告诉自己，'好吧，我会昂首向前，做所有计划好的事情，看看会发生什么。'"

没过多久，劳瑞就确认了自己的眼光不错。"我收购了老鹰队后，格雷泽家族（The Glazers）以同样，甚至更多的钱收购了坦帕湾海盗队（Tampa Bay Bucaneers）。这时，福克斯广播公司（Fox）也参与了进来。福克斯是规则改变者，广播电视网的规则改变者。"

所有海洋都是紫色的

当我们研究白手起家的亿万富翁和他们企业的发展过程时，我们对商业灵感有些老套的期待，认为发现商业灵感的过程应该是神奇的、偶然的，甚至是幸运的。起初，亿万富翁在描述自己的经历时的某些言语印证了这个观点。杰弗里·劳瑞告诉我们："有点像'啊哈'时刻，不用花很长时间去发现，也不用花很长时间去分析，它就是一个范式转换。哪里都可以有娱乐，任何事情都会有轰动性的收视率和观看需求。"

更准确地说，劳瑞的经历就是花了四十年来孕育"啊哈"时刻。他四十多岁时买下老鹰队，之前积累的知识经验，终于在四十多岁的某个时刻顿悟，发现了实现理想的机会。实际上，更准确的说法是，长期积累、反复实践才能提出爆品创意。**很多白手起家的亿万富翁提出的想法很快一鸣惊人，但对他们的经历进行研究后，我们发现，他们的灵感并不是随机、瞬间冒出来的，相反，他们长期致力于某个特定的领域，经年累月地用心积累知识经验。尽管也有例外，但是大多数情况下，亿万富翁都是花费数年、有时是数十年专注于一些技能或者想法，然后才能提出一鸣惊人的想法。**

乔·曼斯威托提出日后造就晨星公司的想法时还很年轻，但那时他已经是一个连续创业者，在投资方面比大多数人都有经验。他管理自己的投资组合已连续增长多年，在投资圈获得了"操盘精明、回报率高"的名声，其他家族成员都愿意把钱交给他管理。杰弗里·劳瑞也不是在偶然间看到了娱乐行业的根本变化，正是因为深刻了解影视行业的运作，同时又钟爱观赏性体育运动，他才能看得如此准确。

经验对于缔造爆品创意的重要性，也可以用来解释亿万富翁倾向于在哪些领域创业。不管是在纽约、上海、孟买、伦敦还是墨西哥，随便在大街上找个人，让他说出 5 名白手起家的亿万富翁，我们敢打赌，他们说出的 5 人中至少有 3 个是在科技、电信或媒体行业发家的。他们可能会提到史蒂夫·乔布斯、比尔·盖茨、阿里巴巴的马云、富士康的郭台铭、墨西哥电信大亨卡洛斯·斯利姆（Carlos Slim）、谷歌的拉里·佩奇（Larry Page）和谢尔盖·布林（Sergey Brin）、巴蒂电信（Bharti Airter）的创始人苏尼尔·米塔尔（Sunil Mittal），以及闻名世界的媒体人奥普拉·温弗瑞。人们倾向于把成名的亿万富翁与新产业或了不起的创新联系起来，连专业人士谈到巨大的成功或巨额财富时，也往往会联系全新的领域，如新兴的 PC 市场或互联网爆发等。

欧洲工商管理学院的勒妮·莫博涅教授和 W . 钱·金教授在他们合著的畅销书《蓝海策略》（*Blue Ocean Strategy*）中，将这些新领域称为"蓝海"。蓝海生动、形象地比喻了公司应该寻找的能创造巨额价值的全新领域；红海则指有很多竞争者参与、竞争激烈残酷的领域，因此很多人认为应该避免加入红海。

尽管莫博涅和 W . 钱·金描绘了企业对未开发市场的普遍想法，但是高价值创造者似乎并不在意。在旁观者看来，**他们所在的市场都是紫色的，他们将旧模式和新方法融合，展现了在这个领域再创新的方式。**詹姆斯·戴森（James Dyson）并没有因为胡佛（Hoover）先进入吸尘器市场就停止重新设计吸尘器。他设计的吸尘器功能更好、外观更漂亮，满足了长期受博朗和苹果等品牌的陶冶，而对产品的功能和美观都有要求的一部分顾客的需求。

THE SELF-MADE BILLIONAIRE EFFECT
高价值创造者的思维习惯

事实上，研究中 80% 的白手起家的亿万富翁都是在竞争激烈的市场发家致富的，不论从哪方面讲，这些市场竞争激烈的程度都称得上是红海。然而，亿万富翁似乎不会这么看待这个世界。对他们来说，所有的海洋都是紫色的，已有的实践中也存在机会。

约翰·保罗·德乔里亚创立了 JPMS，进入了品牌众多的高端护发市场；伊隆·马斯克（Elon Musk）在创办 Paypal 之前，市场上已有很多其他在线支付方式了；巴蒂电信的创始人苏尼尔·米塔尔是靠将已经淘汰的技术引进到印度发家的；萨拉·布莱克利的 Spanx 是硬生生地挤进了蛋袜和恒适主导的袜业市场；嘉年华游轮起初只为有钱的老年人提供度假服务，后来老板米基·阿里森重新规划了游轮生意，赚到了亿万财富；在吸尘器市场，"胡佛"就是吸尘器的代名词，但詹姆斯·戴森发明了双气旋吸尘器跟胡佛产品竞争；法拉龙（Farallon）对冲基金的创始人托马斯·斯泰尔（Thomas Steyer）采用了跟同行类似的投资技巧；房地产开发商艾利·布罗德（Eli Broad）建造不带地下室的经济适用房，某种程度上是因为他看到其他地方已经这么做了；霍华德·舒尔茨（Howard Schultz）买下星巴克并对其进行改善时，咖啡已经有上千年历史了，是世界上最古老的商品之一；格伦·泰勒（Glen Taylor）经营着一家印刷公司，当时已有很多企业意识到人们越来越舍得为婚礼花钱，他也选择加入这股浪潮。

这些例子对知名企业来说是非常好的消息：**它们表明机会一直都在，企业依旧能够在现有市场中创造出爆品。高价值创造者明白，没什么是永久的，也不会有哪个市场会被单个产品或想法垄断。唯有能够掌握潮流变化的人才能够获得丰厚回报。**

高价值创造者不断在成熟市场里改进产品或方案，将想象力化为行动，让他们能够经常推出爆品。他们对行业状态有更深入的了解，能够一直看到变化的潜力，识别出紫海的迹象。仔细想想，互联网时代很流行的新手成功或一夜成名的故事，实际上很有可能是一个经验丰富的老手如何掌舵的故事，这些老手了解事情通常是怎么做的，有足够的想象力构思出替代方案。

用一万小时换一个真正了解的市场

露露柠檬（Lululemon）的创始人奇普·威尔逊阐明了知识和专注这两者扮演的角色，它们帮助他在瑜伽这项古老的运动中看到了一片商机。

我们和威尔逊在澳大利亚见面时，首先注意到的是他的体形。他身高 1.9 米，肩宽背阔，小时候曾获得过加拿大全国蝶泳比赛少年组冠军。在他成长的过程中，话题始终离不开运动，包括运动项目和运动服装。威尔逊的父亲是名体育老师，母亲是缝纫爱好者，因此他不是和父亲外出或去游泳池练习，就是和母亲坐在缝纫机前。"我投入了大概一万个小时。"他这么跟我们说自己的经历。

这位亿万富翁生于加利福尼亚，在加拿大温哥华长大，小时候每年暑假回美国看望祖父母。十来岁时，威尔逊在加利福尼亚的一个海滨城市爱上了冲浪，从那时起，只要一有机会他就设法去冲浪。19 岁那年，他跟朋友去了阿拉斯加，在输油管道公司工作。一年后，还不到法定成年年龄[①] 的他带着一笔积蓄回到了家里。他自给自足读完了大学，然后去欧洲和亚洲旅游。

去了欧洲和亚洲后，威尔逊学到的关于面料、服装制作和国际潮流的知识才开始发挥作用。"当时市面上是有冲浪专用短裤，"他说，"但是说真的，短裤太紧了，你甚至能够说出裤子口袋里一分钱的年份。我块头大，市面上的短裤都不合适，必须得自己制作。"

接下来，威尔逊开始给其他人做衣服。他在加利福尼亚看到的一些衣服款式在温哥华还没有货源，于是他根据自己从美国买来送给女

---

① 美国的法定成年年龄是 21 岁。——译者注

朋友的礼物，做了第一条女式短裤。随着进一步了解冲浪，他觉得相比流行的紧身短裤，冲浪者更喜欢长的宽松短裤，因此他做了裤长稍长的宽松短裤。带着这两件产品，他联系了加拿大两家主要的百货公司伊顿（Eaton's）和海湾（The Bay），但是它们不感兴趣。威尔逊只好用他在阿拉斯加输油管道公司那里赚到的一万美元做启动资金，开了家名为"西滩冲浪"（Westbeach Surf）的店，销售自己的产品。

提起他设计的短裤，威尔逊说："以前没人做过这种产品，我却卖了几百万条。简单来说，我拿下了冲浪行业。我是第一个将这种短裤带入欧洲市场的人，基本上也是第一个将其带入日本市场的人。滑板运动流行时，我发现这种短裤对滑板运动来说也堪称完美……而且我的公司刚好就在温哥华，这儿有温莎山，山上常年积雪，世界各地十四五岁的滑雪爱好者夏季都会到温莎山滑雪。所以我想，'现在终于有一个市场是我在行并且真正了解的了。'我能比任何人都先看到滑雪市场未来十年的样子。"

很多亿万富翁的生意都经历过多年增长缓慢，产出乏力，甚至遭受彻底失败。毕加索一生画了数千幅画，但是只有少数几幅称得上是杰作；样本中 94% 的亿万富翁都创办或经营过不止一个企业，但是并非每个企业都能创造亿万价值。**想要拥有一鸣惊人的想法，你需要真正沉浸在某个领域，愿意提出很多想法，能够对看似奇怪或不被接受的想法"暂缓判决"，还要敢于冒险，能承受可能的失败。**

就奇普·威尔逊来说，他并不是不会做错决定。他跟我们说："我失败过几次，沙滩排球行不通，山地自行车也行不通。因此，我并不能看到每种趋势。"

但是，他在西滩冲浪获得了足够多的信息，所以明白做什么生意能盈利，该什么时候退出。威尔逊 1997 年卖掉了公司（当时公司名称已经改成"西滩滑雪板有限公司"），那时刚好他的公司开始经营困难。据威尔逊说，当时西滩公司 70% 的产品是销往日本的，因此 20 世纪 90 年代日本经济低迷时，公司深受影响。但是没过多久，威尔逊就看出自己下步要做什么了。

"当我看到瑜伽时，那种感觉跟看到冲浪、滑冰和滑雪是一样的。可以这么说，我有制作运动服装的专业技能，并且我看到过一个瑜伽班级的学员在一个月内从 6 个增长到 30 个。"

1998 年，威尔逊成立露露柠檬，从事瑜伽服装零售。露露柠檬引领了瑜伽时尚，制作了市面上首款舒适时尚的平缝运动裤，这款产品使威尔逊成了亿万富翁。威尔逊成立露露柠檬，靠的不仅是不可思议的灵感带给他的顿悟，还有他的才华和二十多年来销售运动服的经历。因为他对服装、体育和国际运动发展趋势非常了解，所以能够利用瑜伽潮流，创建市值亿万的企业。

好奇心，创意的源泉

想要提出富有创造性的想法，经验很重要，但若不是发自内心的好奇，经验可能毫无帮助，比如，好奇心会让人问企业或市场为什么这样运转，或者如果新的、看似奇怪的想法出现会怎么样。通过调查亿万富翁群体，我们发现，好奇心跟能否提出成就亿万价值企业的想法有直接关系。

这个发现与另外一份来自心理学和神经科学方面的文献相吻合，也就是说，富有创造力的人更容易表现出心理学家提到的经验开放性。

心理学家提出了大五人格模型，用来描述人格类型，经验开放性是其中的一条，特点是拥有好奇心、喜欢冒险，愿意探索并学习与他人、环境、不同的想法和文化相关的内容，以及生活中超出个人切身经验的其他方面。

亿万富翁获得灵感最常用的方式就是阅读。例如，房地产开发商艾利·布罗德 20 岁时做会计，每天会阅读多份报纸。20 世纪 50 年代，战后"婴儿潮"开始，新闻都激烈地讨论这个话题。布罗德的阅读习惯催化了他的想象力，他开始思考战后出生的婴儿二十多岁时的情形，美国人口结构的改变将会使未来的年轻人对经济适用房的需求增大。通过利用同理心来洞察婴儿潮世代人的需求，布罗德提出了建造经济适用房的想法，他和唐纳德·考夫曼（Donald Kanfman，与布罗德妻子的表亲结婚）结成合作伙伴，两人决定一起成立一家新公司，好好利用"婴儿潮"这个机会。

我们在引言部分讲了红牛创始人迪特里希·梅特舒兹的故事，他也是在报纸上读到了某品牌糖浆能量饮料公司的事迹，才想到成立能量饮料公司的。梅特舒兹那时候在德国化妆品公司 Blendax 工作，常常去亚洲出差，所以很了解这些饮料，他还喝过某个品牌的饮料来抵抗时差，认为效果还不错。但是，直到在《新闻周刊》（Newsweek）上读到日本一家生产糖浆能量饮料的公司的事迹后，他才开始考虑这种饮料的商业潜力。梅特舒兹推断这种饮料能赚大钱，但如果没有进一步考虑欧洲消费者是否会欢迎这种饮料，那么他将一无所获。梅特舒兹利用同理心来分析热爱户外运动的消费者的需求，确信西方市场的消费者需要稀释过的碳酸能量饮料，这才开始着手创建公司生产饮料。

连续创业者马克·库班是达拉斯小牛队（Dallas Mavericks）的老板，

他认为自己成功的源泉是对信息的渴望。库班小时候销售过邮票和棒球卡，那时候就养成了尽可能多地收集信息的习惯。尽管年纪小，但他有一颗好奇心，这让他拥有比其他收藏家更多的优势。

在他位于达拉斯的办公室里，我们采访了他，他跟我们说："我记得自己熬到半夜三四点，阅读邮票的相关信息，然后记下所有邮票的价值，这样去集邮商店时就知道价格。很早我就知道很多人不会这么做，如果我做好准备，就能比其他人有优势。棒球卡也一样。对棒球卡的需求是什么？那时我大约十岁，家附近有个公园，我把买来的棒球卡重新包装带到那个公园里，以高于购入价的价格卖出。算了下发现这么做能赚钱，我就充满了干劲。"

数年后，库班的生意做得越来越大，这个习惯一直让他受益匪浅。20 世纪 80 年代中期，库班创立了 MicroSolutions 公司，给迅速增长的商业计算机用户提供服务。根据有关报道，他创业第一天，"距离第一次接触计算机仅仅十个月，完全不了解多用户系统"。他花大量时间阅读学习需要知道的信息。他曾说："我读了每本我能阅读的书和杂志。一个好想法能带来一名顾客或一个方案，这些书和杂志上的信息很多时候都派上了用场。"

亿万富翁还有其他满足自己好奇心的方法。有些人，比如苹果公司的史蒂夫·乔布斯或美国在线的史蒂夫·凯斯，他们选择就读鼓励跨学科学习的文理学院。凯斯曾就读于在美国文理学院排名前三的威廉姆斯学院（Williams College），回忆起那段学习经历，凯斯说，那里的环境如同想象思维实验室。"人文学科教育很重要，"凯斯跟我们说，"在变化飞快的世界里尤为重要，因为变数太多。人文教育能够让我们将不同观点融合起来，感受周围的事物，知道如何学习，如何寻找事物之间的联系，如何将不同思想之间的点结合起来？人文教育更多的是看重学习与理解的价值，即接受信息、分析信息和融合信息的能力。正如拼乐高，所有积木放到桌子上，你如何以有趣的方式重新拼装这些积木？"

最后，我们看看那些特别外向的亿万富翁如何通过社会学习来满足自己的好奇心。一个耳熟能详的例子是亚洲最大的电子商务平台阿里巴巴的创始人马云，他曾经每天骑自行车去杭州宾馆，给那里的西方商业人士做导游。马云这么做既锻炼了他的英语能力，又问了这些商业人士很多问题，比如为什么喜欢在中国工作。这段经历帮助他看到，如果某个系统让交易更简单，这个系统就会有潜力。因此他启动了中国黄页（China Pages）项目，把中国企业信息放到网页上，后来他又创建了电子商务平台阿里巴巴，进行 B2B、B2C、C2C 交易。

同理心，感受顾客未被满足的需求

本章我们多次提到缔造爆品的创意源于同理心，即在某个市场锻炼多年甚至数十年得到的洞察力。同理心能让人觉察到潜在客户、价值链合作伙伴以及投资者将会接受什么。同理心是人的直觉本性，反映出大多数人对尚不存在的商品会有什么要求，正如我们采访杰弗里·劳瑞时他所提到的"直觉"。顾名思义，**爆品创意能吸引到很多人、较大规模的市场或者主要的长期参与者。通过产品本身和将产品推向市面的细微差别（下章讨论），亿万富翁能够发现未被满足的市场需求，并能从中获利。**

美国在线的创始人史蒂夫·凯斯早年创建在线内容服务的时候就有同理心。人们常常认为美国在线在互联网时代是"一夜成名"，但实际上，在成名之前，凯斯和他的团队已经在这家公司投入了十年心血。互联网大爆炸前的早些年里，美国在线为封闭的私人社交网提供拨号服务。像 CompuServe 这样的竞争者一开始也提供类似的产品，但是面向的是技术专家和其他精通科技的社群，因此，它们的功能和界面的设计针对的是虽然活跃但是小众的顾客。

凯斯却认为对每个人来说，在线交流都是主要趋势，将来会变成像当下一样的大众市场。那时候明显还没有这样的市场，但是凯斯相信自己的眼光。美国在线定下了将其产品推向大众市场的目标，投入了一大笔资金，用以简化注册和连接过程、删除部分功能、创建当时非常好用且富有吸引力的用户界面，后来又给每个美国家庭邮寄免费试用 CD，还开创了无限数据计价模式。科技社群一开始可能忽略了美国在线，但是凯斯对普通用户需求的同理心帮助美国在线向未来迈了一大步。

这种同理心和经验是紧密相连的，这些高价值创造者不光了解顾客，更重要的是，他们了解顾客现在的需求，并且非常清楚顾客未来的需要。

很多亿万富翁都会随着时间的推移转移生意重点，恒安国际的 CEO 许连捷就是如此。许连捷生于福建泉州安海镇，年轻时以务农为生，20 世纪 70 年代，中国开始经济改革，允许个体创业。我们在安海采访了许连捷，他在办公室里跟我们说："我开了家拉链厂，厂子很小，不需要很多资金，制作拉链的机器很简单，靠人工操作，投资不大。"但是，拉链生意成本低、门槛低，其他人也很容易进入这行，"因为门槛低，越来越多的家庭开办自己的拉链厂。我们赚的越来越少，我感觉到这样下去不会有前途。"

当时中国需要的产品非常多，有很大的竞争发展空间。许连捷又进入到服装领域，这也是一个小规模的领域。"邻居把缝纫机带到我家，我们画好样式，他们来缝纫。"他还帮助一家出版公司处理运输事宜。就这样一直不断尝试、不断扩展不同的业务，直到有一天，一个朋友跟他讲了卫生巾。制造卫生巾的机器要 8 万美元，许连捷跟我们说，"自己投资的话根本不够。"因此，他跟做服装贸易的企业家施文博合作，创办了恒安国际来生产卫生巾。

恒安国际的目标客户是农村里的低收入妇女，那时候，很多贫困妇女用的都是自己制作的替代品，而恒安国际生产的卫生巾远比她们用的自制品更优质、更干净、更安全。1985 年，宝洁公司进入中国市场，产品定位、定价都针对富裕的都市女性，而恒安国际继续重点关注普通老百姓市场，并逐步提升产品产量和质量。一段时间之后，恒安国际开始扩展到高端市场，1992 年推出一系列女性产品，直接与宝洁竞争。之后，恒安国际又开拓了其他产品的生产线，比如纸巾（恒安销量最大的产品）和纸尿布。如今，恒安国际已成为中国最大的纸制品制造商了。

同理心帮助许连捷开创了许多业务。"有人问我为什么不进入其他利润更高的市场，比如房地产开发，"许连捷跟我们说，"我不进是因为我不了解那个市场。我相信消费品市场在中国是持续增长的，如果我们能够专注于这片市场，重视产品创新，就能实现持续增长。"

让你的产品一鸣惊人

许连捷了解市场、关注顾客，其他企业家也谈到了企业需要"了解市场"或"以顾客为中心"，从表面上看，这两者并没有什么不同，真正的差异在于如何转化。老牌企业忙于应付日常运作，对于所了解到的当今顾客行为，他们不会利用，更不会高瞻远瞩地将其转化为突破性产品。本章前面提到过，萨拉·布莱克利几乎差点没法成立 Spanx，正是因为老牌企业的井蛙之见。

单人脱口秀演员布莱克利靠销售办公用品养活自己，她拥有同理心，了解年轻、时尚女性对服装的需求。从很多方面来讲，Spanx 的创立，基本上等于是布莱克利为了替自己量身打造专属的产品而来。她的创业想法来自某次表演脱口秀的前夜。穿衣服时，她从衣柜里拿出一条白裤子，裤子已经买来多年，但是她从来没穿过，因为这件材质轻薄的裤子会让内裤一览无遗，她不喜欢这样。出于某种原因，她决定从内衣抽屉里拿出一条裸色连裤袜，剪掉裤腿，穿在裤子里面。这正是她想要的效果——连裤袜既让她的裤子线条平滑，同时又不会露出痕迹。

布莱克利知道自己发现了点儿什么，于是开始采取行动。然而，在寻求制造商的时候出现了点儿问题。她联系了 100 多家美国制袜厂，他们都拒绝了她。这些制造商原本应该首先洞察到顾客需求的，但是那时袜子市场销量下降，他们依据这些间接数据来决定新想法的价值。直到有一个开始拒绝了布莱克利的厂主改变主意，布莱克利的运气才好转起来。他为什么改变心意？据传闻，他下班回到家，晚餐时跟十几岁的女儿聊起布莱克利。结果她们说："我们想要那些袜子。"看到真正目标客户的反应后，他重新评估了 Spanx 的潜力，改变了自己的看法，自此价值亿万美元的生意诞生了。

我们中有多少人曾经历过跟那些袜子制造商类似的情形，也就是一开始拒绝好想法，后来才发现其他人或公司通过这个想法发了财？

你服务的是顾客，不是公司

亿万富翁将新想法注入竞争激烈的市场，这个过程让人很欣慰，甚至令人激动。老牌企业哪儿做错了，这也值得考虑。部分原因可能是他们倾向于考虑自身能力，而不是考虑顾客不断发展的需求，这种现象很常见，也完全可以理解。管理学大师普哈拉（C. K. Prahalad）和加里·哈默尔（Gary Hamel）1990 年在《哈佛商业评论》上发表了《公司核心竞争力》（*Core of Competence of the Corporation*）一文，指责现在的企业缺乏专注。但其实，正是对竞争力的专注使得企业只关心自己所在的市场和产品，无暇顾及未来他们需要哪些改变创新。有时候，只要稍微改变视角，就能透过不同角度看到机会。

泰勒公司（Taylor Corporation）的创始人格伦·泰勒起初是当地印刷公司卡尔森信件业务（Carlson Letter Service）的普通员工，他凭借同理心，将企业转变成了婚礼纪念品行业的领头羊。泰勒来自明尼苏达州的一个农场，在当地大学学习数学和物理，期间在卡尔森公司做兼职。他原本打算在完成学业前都替卡尔森工作，毕业之后再去当教师。但当他毕业时，卡尔森给他提供了一份全职工作，并暗示他有机会在自己退休后可以接手公司。然而，泰勒没被说服。

"这儿真的称不上企业，"泰勒记得自己是这么跟老板说的，"我们没有自己的产品或产品之类的东西。"卡尔森问泰勒怎么才算，泰勒说："也许我们可以把婚礼纪念品当作产品。"

为什么选婚礼纪念品？"因为我觉得这是他唯一可以赚钱的产品。"在明尼苏达州接受我们的采访时，泰勒这么跟我们说。

作为普通员工，跟老板这样说话似乎很莽撞无礼，但那时候的泰勒通过做高价值创造者做的事情，也就是建立其他人忽略的联系，发现其他人忽略的机遇，已经深得卡尔森的信任。

他从一开始就是这么做的。泰勒在农场长大，替卡尔森工作时，已经养成了这样一种心态：机器或系统坏掉了得自己修好，必须提高工作效率以达到事半功倍。说起自己的成长过程，泰勒说："如果你没钱，那么东西坏掉时你就得自己修好它。"

在卡尔森的公司工作时，他不光修好了那里的打印机，还改进了它们。工作没几周，他就引起了卡尔森的注意，因为他的工作效率是以前做打印工作的人的两倍，而且很多人都讨厌这份工作，"没人喜欢做，因为有一个按钮，你得手动将它按住"。但是，泰勒不介意，因为他能改进，他在打印机上装了一个夹具，提高了工作效率。这一改变"从没有人想到过，因为打印再多份也不会加薪"。

很快，泰勒就可以同时操作两台打印机，这让他获得了卡尔森的肯定，他被提拔到库存管理这个岗位上。"突然间，我跟卡尔森的工作关系开始变得不同了，"泰勒跟我们说，"管理库存，记录存货，我开始给老板提出如何省钱的建议。比如，'为什么不这么做？货运公司会向我们额外收费，运费太高了。我看过账单，我们应该订购双份的，运费还一样。'就是那种小事上的建议。"

卡尔森给泰勒提供全职工作的时候，已经将他提拔到采购这个职位上了，通过做采购，泰勒也更加了解生意。"我们是一家加工公司，生产婚礼纪念品、发票和信封，只要别人给活，我们就干。卡尔森从未考虑过哪款产品赚钱，但是通过做采购，我很容易发现某个产品是否赚钱。"

泰勒发现，婚礼装饰用品是公司唯一赚钱的产品，他想，不能光做印刷生意，还要以此为平台，利用婚礼和其他特别场合不断增长的需求。第一步，泰勒用同理心了解到，如果能让人们购买婚礼请帖变得容易，将会比直接推销结婚饰品更赚钱。卡尔森同意后，泰勒开始订购圣保罗和明尼阿波利斯郊区的电话本，用以招揽客户，同时给每个零售店免费邮寄结婚饰品的样品。"我在达科他州和堪萨斯州也这么做，结合一些营销小手段。"第二步，他开发出与竞争对手不一样的样品。泰勒询问朋友以及朋友的朋友对于婚礼装饰品的看法，"他们说，'我想要能搭配裙子的装饰品'，或者，'我想要一些漂亮的东西，而不仅仅是两个相扣的戒指'。因此我开发了新娘想要的产品。"

泰勒做的事情使卡尔森信件服务公司的效益得到了明显的增长，事后回想这些很容易，但一开始那些非常了解市场的人并不赞成泰勒的想法。就连卡尔森自己，一个印刷业的因循守旧者，也并不总是了解泰勒做的事情。

泰勒回忆说："我曾经从贺曼公司（Hallmark）那里得到灵感，想让穿着无尾礼服的新郎拉着一辆红色小推车，上面坐着他的新娘。卡尔森看到后说，'谁会来买这些垃圾？'但是我相信，不同地方的新娘想要不同的东西。"泰勒的同理心让他能够发现其他人会想买的产品。他也明白，婚礼请帖只是一个切入点，从这里能引导新郎新娘购买其他附加产品。数月之内，店里的婚礼装饰品生意就迅猛发展。泰勒通过订购扩大了零售渠道，通过重新设计产品满足新娘真正的需求，并重新配置了印刷业务。

在泰勒的帮助下，不到十年，卡尔森的店就从一家小印刷公司变成了业务不断增长并具有地区影响力的公司。卡尔森退休时，以约

100 万美元的价格将店铺卖给了泰勒和其他两名员工，后来泰勒又将店铺全部买下，并承诺 10 年分期付清。泰勒是用什么策略来扩展业务并支付欠卡尔森的款项的呢？用请帖做吊钩，然后为其他所有婚礼饰品做广告。

"我们在餐巾纸上赚了很多钱，"泰勒解释说，"我们卖婚礼请帖，一旦新娘买了婚礼请帖，她就变得很感性，想要能搭配请帖的漂亮物件。做餐巾纸时，我用了一台旧打印机，从旧烤箱上取下加热线圈，然后装上从电视机里取下来的电子管来控制开关，又从另外一台机器上取下赛璐珞电子管，就可以变化出许多不同图案印在餐巾纸上，就这样一年赚了 50 万美元。美国没有人像我这么做。原来的办法是你必须得先印餐巾纸再印图案，但是我制造的这台机器只用操作一次，而且它生产出来的产品很独特，因此我能提价。就像卖农场用具，经销商以为卖联合收割机赚钱，但其实卖零件才能赚大钱。"泰勒围绕顾客需求扩展业务，而不是围绕公司是做什么的这种狭隘理念。

不停思考，不如随心而动

本章我们集中讨论了亿万富翁如何提出想法，结合同理心和想象力，产生一鸣惊人的效果。我们的研究对象理解顾客能接受什么，也能设想出一项能实际应用的新业务，他们能在这两者间取得平衡，而这种能力正是我们所强调的。

我们都知道有些人想法很多，但是出于怀疑或恐惧而不敢行动。我们更容易嘲笑、拒绝或者以错误的想法对待不同的新事物。从每一个白手起家的亿万富翁的故事中，我们看到很可能有更多人观察到了根本性的转变，知道如何利用这种转变，但是他们要么从不尝试，要么在尝试的过程中失败了。

我们问劳瑞，是什么使他决心按照心意行事，将娱乐和体育结合起来。他向我们坦承："可能有很多人看到过类似的范式转变，但重点是，不管是出于自信，还是看到其他发展趋势，你一定要先完成收购，要不然就只能一直停留在反复考虑的阶段。这样的人不在少数，他们会说，'噢，我本应该那么做的，我本应该那么做的……'所以，我也不知道该怎么说。我猜，也许是对体育的热爱，让我确信不能光停留在思考上。"

THE SELF-MADE BILLIONAIRE EFFECT 培养高价值创造者

激发员工的同理心与想象力

乔·曼斯威托、杰夫·劳瑞、奇普·威尔逊、格伦·泰勒、萨拉·布莱克利、艾利·布罗德、迪特里希·梅特舒兹和其他很多高价值创造者，他们多年专注于某个特定领域，培养好奇心和勇气，将同理心和想象力融合起来，提出自己的想法并积极追求梦想。好想法很难得，而那些能将同理心和想象力融合起来的人更是可遇不可求。为了增加内部人员发现好想法的机会，你得确保每个人都有权实践富有同理心的想象力。企业需要尽可能多的人来寻找机遇，以提出利用现有和将来趋势的想法。秘诀在于企业要发展一种鼓励员工把想法搬到台面上的制度和文化，让员工明白，公司会给那些最好的想法以支持和资源，帮助这些想法走向市场。下面我们为管理者和企业领导者提出了一些建议。

培养员工的同理心

从培养同理心开始。创造机会,让各级员工都能明白什么样的人会成为公司的顾客。丰田汽车和哈雷·戴维森采取的办法就是,要求员工跟顾客一样前往经销据点购买自家的产品。有些公司采取的办法是让不同部门的员工打匿名电话,或者到零售店看商品销售出去的过程;有些公司则创造"卧底老板"(Undercover Boss)场景,让员工扮演顾客进行测试。

这些和其他未提及的方法让员工从全新的角度看到了企业哪里做得很好,以及哪里做得不足。它们甚至还能揭示潜在的机会,发现认知上的误解,弄明白顾客一开始为什么找你。紫海可能就存在于这些发现里。起码,这些经历能帮助发现客户的不满,甚至能让公司明白,哪些态度应该也必须予以改正。持续累积这些改善,能让你避免日常工作中的干扰,从而更容易发现更大的机会。

允许员工有自己的想法

想让同理心发挥更大的作用,得确保员工有能力、有权利去遵从自己的心意行动。鼓励各级员工寻找并实践能把工作完成得更好的方法,让他们变得更有效率,给顾客带去更多价值。这些想法可能是来自跟顾客直接互动,也可能是来自在企业内形成的经验。可能大多数想法都不起眼,但是它们能使员工欣然接受改变,促进企业重新定位,让各级员工感觉自己的贡献有意义。这种举动看似微不足道,但能鼓励员工提出更加创新的想法。

学习过精益方法来改变管理的人能确切地看到，我们这些建议支持精益方法思考模式。孕育了精益生产方式的丰田生产系统，其中一条核心原则是持续改进。这条原则能给企业内注入这样一种信念：流程和方法总能变得更好，各个工作岗位上的人总能看到机遇并采取行动来发挥影响力。在"同理心 × 想象力"的领域中，持续改进能创造出这样一种环境：让小想法像滚雪球一般变为大创意，同时还能帮助发现企业中的高价值创造者，给他们实践自己想法的机会。

好奇心培育出大想法

除了同理心，还要有好奇心。提供合适的机会，让各级员工了解企业的其他领域、项目，甚至包括跟他们的职务目前无直接联系的领域。

实践同理心、促进渐进式改变、鼓励好奇心，最终目标是为了从大处着眼（Think Big），有时候是为了从大处着手（Act Big）。提升支流层次，多谈论一些大问题，例如市场走向、竞争威胁、企业内部的战略布局或文化挑战。用开放和积极的方式把企业真正面临的问题摆在大家面前，要求每个人都能想出新方案并将其联系起来。

在当今的企业环境下，说起大问题，首先要提的就是数据安全，美国第二大零售商塔吉特公司（Target）2013 年圣诞购物季，7 000 万用户的信用卡数据在零售终端系统被盗事件证明了数据安全的重要性。对塔吉特和其他苦苦维护声誉的零售商来说，客户数据泄露这种问题很严重，但是他们最常做的不外乎参照一流零售商或金融公司防止安全缺口。而高价值创造者会从更高层面看待这个问题。也就是说，他们会考虑全球信用卡系统在安全方面有何漏洞，有什么办法能改进。沃尔玛就从更高层面提出了"环境足迹"以影响它的全球供应链运作，塔吉特能因此改变零售支付系统的安全吗？从更高层面着手，企业就能把公司的重点从日常琐事转移到更大目标上：企业将会成为什么样，能提供何种基本解决方案。

人们很少提到这种层次的问题，更别提公司环境这种问题了，这也是很多大公司限制员工想象力的另一个例子。更可悲的是，对于想升职的高价值创造者来说，往小处想会更安全，企业资金也只支持小想法，因为企业能立即将这些想法付诸实施，同时能指望收获中长期的利益。

鼓励员工打开想象力的枷锁的其中一个办法是，向员工表明企业追求的绝对不只是与核心竞争力有关的想法。爆品创意需要利用高价值创造者对现有市场的了解，但是它们往往又会让高价值创造者采取一种全新的模式来开创市场。新模式需要新能力，或者像理论家亚德里安·斯莱沃斯基（Adrian Slywotzky）[1] 提出的"价值转移"（Value Migration）能力。高价值创造者可以身先士卒，但是他们需要感觉到，公司允许他们拥有超越公司关注焦点的大胆想法，并且重视

---

[1] 想了解亚德里安·斯莱沃斯基的更多观点，推荐阅读由湛庐文化策划、浙江人民出版社出版的《需求》。——编者注

他们那些想法。

有的公司通过培养同理心，允许员工有自己的想法，以及给员工保持好奇心的机会，在公司中发现了高价值创造者后，就可以进入下一步了，创造实践机会，指引这些高价值创造者欣然接受新事物。公司应该给予崭露头角的高价值创造者机会，让他们在实际客户身上测试大胆的想法（有时候是高价值创造者自己的想法）。只有真正走入市场，高价值创造者才能打磨、测试和改进想法，为全面实践想法做准备。试验不仅能测出创意的可行性以及高价值创造者的能耐，也能向企业内的其他人传递出变革的信息。当崭露头角的高价值创造者看到其他人有机会提出大胆想法并采取行动，甚至有机会将新事物带入市场时，他们将更加明白自己未来如何在公司发挥潜能，采取行动。

思行合一

不要将有创意的员工（思考者）孤立于企业运营之外。尤其是提出新创意并把它投入市场时，你需要跨越各个部门，把产品开发者、设计师、策略师、市场营销人员等创意资源与制造、财务和供应链等运营资源融合起来。

大多数企业，只要他们有富有想象力的人才，就会重整企业结构，将主要做构想工作的人和主要下决定、采取行动的人分离开来。企业将这些技能分开原本是为了鼓励创新、缓解冲突，却更多地抑制了企业发展创新的能力。有判断力的人拥有所有权力，而拥有想象力的人却单打独斗。

我们的研究使我们相信，高价值创造者的一个主要品质是，他们能将想象力与磨炼、运用同理心所必需的判断力融合起来，为进入市场做准备。亿万富翁能看到事物可能的样子，也能将想象力运用到已有事物上，他们不会将这两种能力分离开，所以他们更可能会提出缔造爆品的创意。企业领导者应该记住：不要将思考和行动分开。相反，让崭露头角的高价值创造者做一些需要展示出同理心和想象力的综合工作，同时让他们自己决定将创意带入市场的最佳方案。执行力这个话题将于第 3 章进行详细阐述。

最后要明白，实践同理心和想象力对企业和个人成长非常重要。所以，在绩效评估中要加入同理心和想象力实践部分，而且应适用于每位员工。不一定非得有成果，毕竟你也不想让员工仅仅是为了能在评估栏打个勾而随便提出一些想法。相反，这么做是要给企业管理者创造想象力空间，让他们重视观察趋势、发现问题和提出解决方案的能力。

02

耐心 × 行动力，对抗不确定性

人们总说，时间会改变一切，但实际上，改变一切的正是你自己。

安迪·沃霍尔
艺术家

THE SELF-MADE BILLIONAIRE EFFECT

创办了 Groupon 的埃里克·莱夫科夫斯基的想象力让他清楚地知道，从现在开始一直到十年后，自己愿意支持哪些创造性想法。2012 年 12 月，在他芝加哥的办公室里，莱夫科夫斯基接受了我们的采访，他说："定位面向本土化、社交化并结合移动通信的想法，未来十年内都会发展得不错。"这正是 Groupon 的理念，也是他和商业伙伴布拉德·基威尔（Brad Keywell）经营的风险投资公司 Lightbank 的运营逻辑。"我们长期关注的话题是生物科技和生命科学，这两个领域将会出现像互联网过去十年那样令人激动的发展，只是现在还不到时候。"

进入生物科技和生命科学这样的市场需要耐心等待最佳时机，因此，莱夫科夫斯基对这两个领域保持密切的关注，并进行调查研究，同时又远远关注那些正在做有趣事情的小公司。然而，当他着手于自认为当下就有重大发展的领域时，又会表现出一种紧迫的行动力。莱夫科夫斯基会催促投资公司的管理团队将产品尽快投放到消费者手中，这样才能够从直接经验中得知实际绩效。

说到自己的投资公司将产品投入市场的过程时，莱夫科夫斯基说："我们每件事都做得很快。如果你是一家科技公司的老板，你很可能会因为缺少经验而犯错，也很可能会花光公司的资金。你没有那么长的导火线，因此必须努力缩短周期，并且时刻准备换方向。我们无法承受战线被拉长，我们等不了一个月，必须在两周内完成。"

同样的道理，如果市场发出信号说某个想法行不通，莱夫科夫斯基也会毫不犹豫地止损。他说："我们比大多数人要成功，并不是因为我们投资能力强，而是因为我们擅长设立一些客观指标，并努力完成这些指标。如果没达到这些里程碑，我们就会掉头往另一个方向走。能做到这些真的很难，因为在未达到里程碑的时候没人愿意掉头，大家都认为应该要坚持下去，下一次尝试会成功，一切都会好起来。这就像承认自己是个酒鬼一样难，即便所有迹象都摆在眼前，而且这些迹象 99.9% 不会出错。"

时机的二元性

莱夫科夫斯基对待时机的态度看起来很矛盾。对于他想参与的业务类型，他会有一个长期目标，但是又高度关注当下公司需要采取的短期行动。换句话说，**对于他认为正确但是市场没做好准备的想法，他就会表现出耐心。一旦市场成熟，他会在第一时间将产品投入消费者手中，并寻找即时反馈。高价值创造者能够成功地将耐心和行动力融合起来，对时机持二元视角。**

上一章讨论同理心 × 想象力时，我们提到了高价值创造者如何看到并紧紧掌握主要的发展趋势，以及他们如何利用那些趋势展现出来的机遇，提出缔造爆品的创意。杰弗里·劳瑞通过结构转型将体育与娱乐融合起来，乔·曼斯威托将共同基金作为新兴主流产品，莱夫科夫斯基在当下和未来的商业模式中选择本土化、社交化并能结合移动通信的模式。这些高价值创造者一开始都是受那些能带来巨大价值的想法所驱动，而不会在小点子上浪费时间。但是一旦发现引人注目的想法或市场空间，他们对时机就会变得很敏感。如果太早，想法可能会因为需求不足而灭亡；如果太晚，其他参与者可能就已经对市场进行重新定义了。

我们的调查研究并无证据证明，高价值创造者比一般人预言得更准确，他们也无法预测投资或将产品投入市场的正确时机。不过，高价值创造者与一般人的差异之处在于，他们愿意在多种速度和时间框架下同时操作。高价值创造者承认自己无法控制时间，而且认识到了这一点，他们进入市场时就明白时间不是静止的，而是变化的，并且能够适应这一事实。时间的固有属性是无关紧要的，它能随意加速或减速，**因此高价值创造者必须同时能够以快速、慢速和超慢速工作，并且能够根据情景在这些工作模式中快速切换，即为抓住机遇采取必需的行动时要紧急，而当必须等待时又得保持耐心。**

T HE SELF-MADE BILLIONAIRE EFFECT
高价值创造者的思维习惯

高价值创造者的时机二元性思维模式中有一个重要的关键点：时间长短并不是他们采取哪种思维模式的决定因素。我们常常认为，需要漫长的等待时，耐心是正确的思维模式；

需要在严格的截止日期前看到成果时，行动力是正确的思维模式。但是，高价值创造者的看法跟我们不一样。他们可能几年，甚至十几年保持行动力，也可能只需要在几周或几个月内保持耐心。其中，重要区别在于他们能灵活、平衡处理耐心和行动力，而不在于他们使用的时间框架。

行动，快与慢

透过埃里克·莱夫科夫斯基早期的事业，我们看到了高价值创造者多年来如何汲取时间观的教训。在创立 Lightbank 和 Groupon 之前十多年，莱夫科夫斯基和基威尔已经是实体零售店 BrandOn 的拥有者，专售印有授权图案的服装。他们重点销售童装，卖印有足球队队徽和其他品牌的 T 恤以及连体衣。互联网刚刚成为主流时，他们经营这家公司已经五年了，生意开始难做起来，因此莱夫科夫斯基和基威尔开始考虑是否能转换平台，利用科技发展潮流。

"我们很擅长做小批量的装饰品。"莱夫科夫斯基告诉我们那时候的想法，"相较于上万件订单，我们很擅长做一打、两打或半打某样商品。我们突然意识到，小公司可以从网上购买一些促销品，这可是前所未有的。因此，如果小公司只想买一打高尔夫球或两打帽子，他们就能买得到。"

莱夫科夫斯基和基威尔决定转移重心，为小公司制作品牌商品，但是不到一年，互联网经济崩溃，他们的新企业也随之失败了。"我们进入市场太超前了，"莱夫科夫斯基说，"当时的生意，放在今天也只是刚起步，那时实在是太早了。"

莱夫科夫斯基的早期经历解释了为什么他能长期耐心地投入到利用互联网和移动系统的科技商业模式中；同时也解释了他是如何开阔视野去评估指导 Lightbank 投资证券组合的。他明白，一个时机不成熟的想法要么会在市场上消亡，要么就需要充足的资金和一个较宽松的环境。

Groupon 的想法只是长久以来过早出现的想法中的一个。"人们十年前尝试过类似的商业模式，"莱夫科夫斯基说，"默卡多（Mercado）就试过，但是没成功。进入市场的时机很微妙，但是一旦有了所有必需的不同要素，有些生意真的就能火爆起来。对于 Groupon，我们需要依赖社交结构，但 20 世纪 90 年代晚期，Facebook、Twitter 还没有出现，也就没办法进行口碑营销。"

一旦社交结构建立，Groupon 的时机就到了。公司进入了紧迫阶段，增长突飞猛进，借着这股增长势力进行了首次公开募股。现在公司处于混合状态，当务之急就是提高运营效率，防止模仿者追上，同时还要保持耐心——公司达到较大规模后常常需要保持耐心。

时机选择的启示

在白手起家的亿万富翁中，埃里克·莱夫科夫斯基可不是唯一有过选错时机经历的人。巴蒂集团的创始人、亿万富翁苏尼尔·米塔尔也亲身经历过这样的灾难性时刻。

米塔尔 1976 年开始创业，在印度旁遮普的卢迪亚纳卖自行车和自行车配件，就像米塔尔说的那样，在卢迪亚纳，"人人都是某个行业的企业家"。米塔尔很快看到自行车生意在做大方面有限制，因此他搬到孟买，转行卖各种各样的进口产品。他看到随着印度的发展，越来越多的中产阶级对于国外很普遍但是印度稀缺的产品有很大的需求。不久后，他跟铃木（Suzuki）合作，进口移动式发电机，但 1983 年，印度政府颁令禁止进口发电机，米塔尔被迫关门。

可以说，米塔尔刚好在错误的时间进入了进口发电机市场。生意失败了，但他仍然保持核心理念，进口那些在印度供应不足但需求很大的成熟产品。他跟很多外国公司保持联系，并被证明是一个可靠的合作伙伴。这种种联系使得米塔尔很容易说服一些大的制造商跟他合作，将他们的产品带入印度。印度直到 1991 年经济改革后才对外国竞争者开放市场。

有了这层关系做支柱，米塔尔在发电机业务失败后，花了些时间到日本、韩国和中国台湾旅游，去寻找其他能进口销售的产品。因为政策法规变化，他失去了生意，这点他一直铭记于心，很可能也预示了他最终会选择这样的产品：先是按键式电话，后来是移动通信设备。他进口老牌企业的这些产品，并作为销售代理在印度次大陆进行销售（当时印度还没有一家本土制造商生产这些产品）。为了在电信业有一番成绩，米塔尔急切地学习通信市场的相关知识，后来又学习了通信硬件制造。到 20 世纪 90 年代，米塔尔已经有了成立巴蒂电信的实力，于是他急切地买下电信许可证，印度政府也意欲通过颁发电信许可证促进更多产业私有化。如今，巴蒂电信已然位列印度最大的电信公司之列，正是有过失败经历，米塔尔懂得了要把握良机。

亿万富翁柳井正（Tadashi Yanai）是日本迅销集团（Fast Retailing）的 CEO，也是大众服装品牌优衣库的老板，他第一次创业时在时机选择上比米塔尔幸运得多。20 世纪 80 年代，柳井正步入社会工作时，他父亲开了几间服装店，专门销售男士正装，当时日本很多人做这种生意。实际上，当时日本人对正装的偏好导致服装行业不够发达，行业内都是专门生产正装的小型零售商，而且每家店都是要么只售女士正装，要么只售男士正装。柳井正告诉我们："那时候，日本没有多少店卖休闲服装，服装店卖的都是像你穿的那种套装或者正装。休闲服装代表廉价衣服，是年轻人穿的。"

柳井正一开始并不想接手父亲的生意，但是他发现自己大学毕业后没工作且没有任何真正想做的事情，于是最终妥协了。尽管如此，他知道自己并不想做他父亲做的那些生意。那时候，柳井正已经出国旅游过很多次，看到了其他国家和地区的服装零售情况。在中国香港地区，他看到"中国制造"的零售产品在廉价销售；在美国，他看到Gap到处流行；在英国，他看到玛莎百货（Marks & Spencer）很受欢迎。这些品牌以实惠的价格销售经典款服饰，日本没有这样的品牌。柳井正凭借富含同理心的想象力看到了日本市场有缺口，于是他急切采取行动来弥补这个缺口。1984年，他在广岛开了第一家优衣库商店，销售价格实惠的高质休闲服装。

"我们做的事改变了人们对休闲服装的看法，让他们明白休闲服装是实用、舒适的衣服。我们发现并创造了一个全新的市场。"不到七年，优衣库就成了日本最大的休闲服装零售商，光1990年一年就开了33家店铺。

毫无疑问，柳井正把握住了最佳时机。他看到了日本市场的缺口，同时具有富有同理心的想象力，明白自己这一代日本年轻男女想要穿跟他们父辈不同的服装。柳井正看到了一片紫海，而进入的时机是关键因素，他开始开发这片海洋，数十年来以耐心 × 行动力发展优衣库，最终使其成为日本最大的服装零售商。近年来，优衣库一直在向全球扩展，在中国、美国和欧洲主要城市的中心区域都有店铺。

在时机到来前做好准备

那些依靠新兴的发展或未来趋势提出爆品创意的高价值创造者，并非天生就知道时机正确。和我们交流过的高价值创造者在这点上都很直率，坦承自己不知道何时能实现愿望。但是，他们也不会只抱最好的期望，只是对于能创造价值的想法的信念让他们知道，要在时机到来时先做好准备。他们需要做各种各样的准备，包括了解市场、做好早期投资和找准市场定位。

"我并不清楚该何时入市，"费城老鹰队的老板杰夫·劳瑞跟我们谈起将体育与娱乐融合起来的想法时说，"我并不知道买下球队两年后球队价值会暴增。我只是想，这一切快来了。"

同样，乔·曼斯威托跟我们说："30 年前我不可能看到晨星公司今天的成就，即使现在，我也看不到未来 30 年的情况。我只能提前一年或两年看到，知道有些事情我们应该做长远打算，但也只是比别人早走了一步。就像跑马拉松，你不会想'还剩下 22 公里要跑'，但是会想'已经跑了两公里了，我要跑到三公里处'，就像这种思维模式。但是，我总是想，如果我们有一个稳定的增长速度，很快就能变成规模很大的企业。我常想我们前景很好，却不能准确地说出 5 年、10 年或 15 年后会是什么样子。我知道自己做的事情对人们很有价值，我们将继续关注这项事业，以这个理念来经营公司。"

在一个不确定性无从避免的世界里运营，不仅需要平衡好耐心和行动力，还需要清楚什么时候最需要什么。大多数白手起家的亿万富翁并不是很快就有爆炸性的增长。我们花了大量时间描绘高价值创造者的职业轨迹，清楚地发现，最常见的轨迹是他们会经历较长时间的平稳增长，平稳增长期间他们可能会遭受重大挫折甚至生意失败，也可能收获可观的收益和成就。很多亿万富翁都是连续创业者，他们并不是第一次就找到自己的致富法宝，而是尝试了两次、三次或四次后才找到。

THE SELF-MADE BILLIONAIRE EFFECT
高价值创造者的思维习惯

创造长期价值不一定会成功，需要一直为未到来的机会做好准备。亿万富翁在设法实现爆品创意时，对增长方式和增长速度非常有耐心。但是有耐心并不意味着他们就此闲着，由着事情自然发展。实际上，他们一直在采取行动：他们进行各种交易，在市场上检验自己的想法，从而进行调整改进。这个过程可能是几年，甚至是十几年，其间他们努力奋斗，急切追求那些需要花费多年才能实现的价值。

马拉松思维

史蒂夫·凯斯等待了 10 年，如果算上他从威廉姆斯学院毕业时就考虑想从事的事业，实际上可以说他等待了 20 年。

"那时候是 20 世纪 70 年代晚期，我一直考虑自己将来想做的事情，"凯斯的风投公司 Revolution 位于华盛顿，在他的办公室里他这么跟我们说，"我只是感觉自己对新兴的事情最感兴趣，想加入跟传统企业经营模式相反的变革中。我想成为创造新事物的一员。"

那时候，凯斯读了未来学家阿尔文·托夫勒（Alvin Toffler）和海蒂·托夫勒（Heidi Toffler）夫妇合著的《第三次浪潮》（*The Third Wave*），他们夫妇预测了未来会流行一种像互联网一样的连接网络。凯斯说："人们能够通过这种新的互动技术联系彼此、获取信息、购买产品，我完全被这种想法吸引住了。那时候，由于个人电脑还没真正出现，人们更多地关注如何使电视更具有互动性。我记得读完后自己说了句，'我知道这一切将会发生，这显而易见。'那某种程度上真的成了我人生的指路明灯。"

那时，凯斯还没有发现有公司创建消费者网络，因此他决定先等待，同时利用等待的时间学习企业基本要素。他先在宝洁公司工作，随后去了百事可乐公司旗下的必胜客。他说，在这些知名公司工作时，他目标很明确，就是获取关键商业技能，这样他等待已久的机会到来时他就能做好准备。

1984 年，凯斯的哥哥从事风险投资，把他介绍给了华盛顿的 Control Video 公司，这家新兴公司早期为雅达利的用户创建交互游戏网络，这时凯斯的机会来了。"人们那时候还没有个人电脑，却有雅达利游戏机，"凯斯说，"因此这家公司根据游戏机开发了一款产品，尽管那是一段很辛苦的过程，且最终以失败告终，却将我带上了创业这条路。几年后，我在那里遇到的一些人最终加入了我的团队，跟我一起在 1985 年创建了美国在线。"

美国在线作为网络服务提供商，刚成立时定位就很明确，但是想要创建能够处理大众市场流量的主流通信网络，还要做很多基础工作。凯斯和团队必须跟设备制造商和网络服务提供商协作，还要激励员工，创建出传送大量信息所需要的系统。美国在线必须推动将网络功能跟个人电脑集成在一起，确保网络连接品质，并开发出好用的软件。

凯斯说："创建美国在线十年来，光景好的时候还得苦苦挣扎。我曾说美国在线是创建十年后一夜成名。20世纪90年代中后期，互联网成为焦点，新用户大量加入美国在线，品牌也出现在了杂志封面上，看起来美国在线好像是突然从哪儿冒出来的一样，并且一举成名，但其实我们已经工作了十年。十年来我们不断尝试调整，使通信调制解调器配置到电脑上，而不是仅将它作为电脑的周边设备；降低网络成本，以收取更少的服务费；不断完善软件，使其在主流市场更好用、更吸引人，并且使内容更有趣。我们做了很多类似的基础工作。"

正如凯斯说的那样，用来耐心等待想法成熟的时间跟空闲时间不同。创建具有巨大增长潜力的企业，不仅需要像乔·曼斯威托所说的马拉松式的思维模式，还需要采取马拉松式的行动——高价值创造者无时无刻不在行动。

紧迫的自我准备

凯斯在大学毕业后，花了很多时间学习运营和销售技巧，这一点跟前面介绍的富有同理心的想象力章节内容相互融合，也就是说，大多数高价值创造者先在某些行业积累大量经验，再开创具有亿万价值的生意，最终创造突破性价值。即使有些亿万富翁年轻时就已经获得了亿万财富，似乎也要历尽艰辛才能获得那些技能。很多亿万富翁是利用"等待时机"的空窗期，也就是利用同理心看出端倪而市场尚未成熟的那些年月，来培养那种技能，让自己对即将到来的机遇做好准备。

跟凯斯一样，曼斯威托第一次有成立晨星公司的想法时才20岁出头。还是跟凯斯一样，曼斯威托知道自己对商界了解不够，具体来说，是对投资和投资的市场研究了解不够，因此还无法成立企业。而且那时候，共同基金也刚刚开始成为主流投资。曼斯威托等待了一段时间，在创建晨星公司之前利用这段时间充实自己。

怀着紧迫感，曼斯威托上了共同基金和个人投资的速成课。他先在芝加哥一家风投公司 Golder Thoma 工作了几个月，后来又跳槽到 Harris Associates 资产管理公司，在那儿也只不过待了一年多时间。在两家公司他都干得很出色，上级给予他很高的评价。然而，曼斯威托想要成立更有经验、更了解业务、更稳固的晨星公司。有这个想法后不到两年，他就离开 Harris Associates 创建了晨星公司。

他先采取的行动是在《巴伦周刊》(*Barron's*) 登广告，宣传只需130 美元即可订阅他的季刊《共同基金读物》，这份季刊的第一版还是他坐在单身公寓的餐桌前写的。第一次打广告他就收到了 600 份订单，价值 78 000 美元，自此他在成为亿万富翁的路上一路攀升。

保持耐心，迅速行动

跟史蒂夫·凯斯一样，房地产开发商亚历克斯·斯潘诺斯（Alex Spanos）在实现自己的想法前不得不等待合适的时机，但是他们两人的相似之处也仅止于此。凯斯在一家新成立的通信公司工作，在那里待了十年，他必须等待市场变得成熟。相反，斯潘诺斯创业时进入的市场，其需求已经远远大于供给。第一次独立创办企业，他必须快速行动，之后几乎立刻就收到了积极成效，看到了成功的信号，比起凯斯建设美国在线的系统和需求要快得多。综合起来看，这些故事说明，对任何高价值创造者而言，耐心和行动力都以不同的方法发挥作用，跟时间框架没有关系。

斯潘诺斯生于 20 世纪 20 年代，是希腊移民。他的父亲在加利福尼亚州斯托克顿市开了一家小面包店，他 20 多岁的大部分时间都在父亲的店里当面包师。据斯潘诺斯说，父亲在金钱方面专制又吝啬，为了让自己有更稳定的收入，他只好出去单干。那一年他 27 岁，没有存款，但是因为经营父亲的面包店生意多年，他在小小的斯托克顿市已小有名气。斯潘诺斯善于观察，每天早晨开车去上班的路上，他都会看到一群季节工从圣华金河谷（San Joaquin Valley）的农场附近的饮食摊点买饭。

第一步，斯潘诺斯从银行贷款，购买原料开始售卖三明治。每天他都准备上百人的量，几周内就比在父亲店里工作时挣得要多。但是，斯潘诺斯是一个有野心的人，因此某天一个农场主找到他，问他是否知道从哪里能找到更多工人时，斯潘诺斯的头脑开始急速运转起来。那时正处于采摘旺季，农作物都已经成熟，那个区域的所有农民都需要更多工人帮忙收庄稼，以免庄稼坏在地里。斯潘诺斯第二天早上就搭上一辆公交车，前往雇用工人的集散地墨西卡利（Mexicali）。在那里，他认识了一名中介。中介跟他说，招人不难，比较难的是解决临时工工作时的临时住所问题。斯潘诺斯说，如果中介能找到人，他可以解决住宿问题，为工人找到住的地方。

那时候，那些话都只是虚张声势。斯潘诺斯后来也承认，当时不知道如何安置上百甚至上千工人，自己也只有做三明治的餐饮经验。但是，他毫不犹豫地快速做出决定，一旦决定了，他就采取行动实现诺言。他非常了解斯托克顿市，知道当地集市有一个大的如同飞机棚的建筑，常年空置。他立刻向银行贷款，不断协商，在那栋建筑里搭建了上千个小屋。他在建筑外面又搭建了一个帐篷用来做饭，在那里准备米饭、豆子、玉米饼和其他合墨西哥人口味的食物。同时，他安排了车辆，将工人送到田地，再把他们接回来。出去单干仅几个月，第一个季度他净赚 6 万美元，这还是 1961 年的 6 万美元，购买力相当于当下 100 万美元。四年内，在这个以工作艰苦和全天候著称的行业，斯潘诺斯已经是个百万富翁，准备进一步发展，进入房地产开发领域。他耐心、谨慎地在这条路上前行，最终成为美国最大的公寓住房开发商。

时间压力 VS. 想象力

所有企业都面临在特定时间段内交付成果的压力。亿万富翁也不例外，埃里克·莱夫科夫斯基的"里程碑"可以证明。但是，高价值创造者紧迫行动的方式与典型商业环境下人才被过度使用是有区别的。对大多数企业来说，有太多的任务需要在短时间内完成，而过度工作则会造成不利的影响。

企业各级员工为过度工作辩解时会说，过度工作能让我们变得更高效，或者说时间压力会促进创造性。但事实是，过度工作会带来更多的隐患。实际上，爆品创意是靠想象力产生的，而时间压力会阻碍想象力发展。

当人们进行想象思维活动时，有一种生理机制在起作用。墨西哥大学的神经心理学家雷克斯·荣格（Rex Jung）指出，创造性人才能够关掉大脑的评估功能，使自己拥有创造的精神自由。他称这个过程为"瞬时脑前额叶功能低下"（Transient Hypofrontality），这只是一种专门说法，指大脑的分析机制休息一会儿以放飞想象。

时间从哪里来？荣格说，想象力非常丰富的人，比如说纯粹的高价值创造者，能自动进入瞬时脑前额叶功能低下状态。但是任何人都能创造关掉大脑分析功能的环境，让思绪飘飞、产生联想，只不过要达到这种状态，需要时间。他需要身处一种思绪能够飘飞的环境。

很多以创新为导向的公司宣称，允许员工抽出一定时间构思新想法，但是能这么做的公司肯定是少数。即使有这样的政策，员工也常常面临从这段"自由时间"中产生可量化的成果的压力。对大多数职场人士来说，考虑到他们几乎没有进入瞬时脑前额叶功能低下状态的机会，公司希望得到他们的产出与给予他们的时间严重不匹配。这种时间压力基本上导致他们根本没有思想空间去构思轰动性的想法。

如果这种联系看起来抽象，那么就仔细考虑一下哈佛商学院一些研究人员所做的关于时间和创造力的报告。研究团队招募了来自7家公司的177名员工，来评估当这些员工处于时间压力下时能否做出巨大创造价值的工作。研究人员每天收集有关员工当天是否处于压力下、他们的工作进展以及产出的创造性程度的调查问卷；同时还收集了公司关于每日任务分配和任务截止日期的数据，确认员工对处于时间压力下的感觉是根据客观信息反映的真正的时间压力；此外，还收集了管理者参与员工创造性程度的评价数据。

研究结果显示，时间压力和创造性表现之间呈负相关。压力大的时候，员工常常能做得更多，这意味着他们效率更高，但是创造性程度却很低。这个发现对我们理解时间和商业创造性之间的关系很重要。但是，更引人注意的是，低创造性的产出会持续，因为一天的高工作压力会导致随后几天都是低创造性的产出。

白手起家的亿万富翁的时间管理术

了解时间与创造性之间的关系能让我们更好地了解我们亲自调查的这些亿万富翁的习惯。这种习惯用一个贴切的词来描述就是"专注于当下"。

比如，在采访乔·曼斯威托时，"专注于当下"就是我们首先注意到的事情。采访那天，走入晨星公司办公室，他正坐在会议室的桌子旁，双手交叉，等待着我们。"是的，"他说，"我在等你们。"原本以为在采访期间会被其他事情、问题或安排打断，但不管是他，还是格伦·泰勒、奇普·威尔逊、杰夫·劳瑞、T. 布恩·皮肯斯或斯潘诺斯，都不是我们想象中的那样。跟曼斯威托在一起时，似乎采访是他唯一的安排。电话没响，也没人在会谈期间进入会议室给他口信，他完全投入到我们的采访中。

我们采访的亿万富翁几乎都是这样。当我们采访他们的时候，他们专心致志、聚精会神并且完全投入。史蒂夫·凯斯甚至还感谢我们花时间跟他谈我们所做的调查以及我们想探索的想法。我们强调这种特征，是因为这跟我们日常一起工作的管理者、同事、客户，甚至我们自己都很不同。除了跟某人聊天，我们似乎还会同时做三件事情。但是亿万富翁不这样，他们似乎不像大多数管理者那么忙，我们猜想这并不是资历带来的巧合。他们有意守护自己的时间，摆脱不相干的事物、干扰和不重要的活动，这样他们就能将时间用在最重要的工作上。

用心守护自己的时间，亿万富翁就能够一直培养、发展与生俱来的好奇心。这样，他们就有时间广泛阅读或讨论让他们联想到未来的主题。

我们不敢说这种严格的时间管理一定能带来成功，但是有强有力的证据证明，自律，甚至固定的惯例般的行为能够开启思维空间，发现长期趋势，并且围绕这个趋势提出引人注目的真知灼见。

高价值创造者专注于当下的能力对其业务的发展和成功具有重要的意义。因为他们限制自己涉足的事情的数量，以确保自己能集中注意力和精力构思爆品创意。他们也同样清楚自己事业的进展，在充分完成现阶段任务之前，他们不会偏离轨道计划下一阶段的事情。在有能够展示给他人并获得反馈的概念和标准前，他们不会花费太多时间制定或重制市场标准。

举个例子，看看亚历克斯·斯潘诺斯的企业，他总是循序渐进，任何时候都只关注当时所处的阶段。有为农场工人做三明治的机会时，他就集中精力做好三明治；有为上千民工提供食物和住房的机会时，他就集中精力建设基础设施。在为 1 000 名工人服务之前，他没做过为 5 000 名工人服务的计划。毕竟，眼前能服务到的外来临时工才是他的客户，才会给他提供反馈意见。

我们将高价值创造者集中精力应对当下挑战的能力称为"阶段聚焦"（Stage Facus）。本书第 3 章将会讨论创造性执行，其中阶段聚焦就是不可或缺的一部分。这种特性跟时间有关，高价值创造者既要有长远视野，又要将精力集中在当下的紧急事务上，他们的这种能力对获得成功至关重要。阶段聚集能使他们在市场中实践那些爆品创意，并且在完成必要的阶段性目标后，才转向下一阶段的事业发展。[①]

---

① 想了解更多有关时间管理的内容，推荐阅读由湛庐文化策划、浙江人民出版社出版的《精要主义》。——编者注

如何培养耐心的行动派

在贸易往来的早期，企业就已经明白时间在商业成败中扮演着必不可少的角色。早在 1736 年，英国发明家约翰·哈里森（John Harrison）首次在海上测试了航海精密计时器，利用时间准确估算出船在海上的经纬度，解决了时间不确定性给商业带来的挑战。在哈里森发明航海精密计时器之前，船长只能靠测量中午太阳升到顶端时的角度来确定纬度，但是没有准确的时间，他们不能测出经度，也就不知道自己身处何地。有了航海精密计时器，船长导航时就能更准确，从而避免危险的路线，有效减少了行程。哈里森的发明改变了航海业，使英国在贸易方面走上了创造巨额价值的道路。

再往前推两百多年，"科学管理之父"弗雷德里克·泰勒（Frederick Taylor）利用时间和动作研究提出了帮助企业提高生产效率的观点。然后，时间测量带来了数位电脑，它能将时间细分到亿万分之一秒，同时利用二进制脉冲来记录数据。

举这些例子，是因为它们能说明过去的商业创新者是如何将时间当作工具的，或当作创新或有利条件的来源的，或至少当作他们构思过程中的一个动态因素的。总体来讲，白手起家的亿万富翁同意时间价值具有竞争优势。他们讨论时间的方式跟传统企业管理者完全不同，对传统企业管理者来说，时间常常是董事会、最高管理层、股市或多年企业培训施加给他们的限制因素或约束条件。

读者可能觉得，高价值创造者处理时间框架的方式并不具有说服力，因为亿万富翁对企业经营有很大的控制权。我们赞同亿万富翁一开始有很大的控制权，但是一旦他们的企业达到一定规模，尤其是上市后，他们同样会经历那种妨碍很多公司追求价值的固定时限心态。然而，这些高价值创造者并不会让时间限制自己或自己的想法。

乔·曼斯威托直接提到了在成熟机构内培养企业家心态的问题。他说："当公司规模变得越大，挑战也就越多，因为我们的工作势必会有很多政策和流程限制。适当的时候进行必要的回顾很重要，但是你要确定这并不会妨碍你思维的敏捷。"

企业建立这些流程是为了避免将糟糕的想法带入市场，但是曼斯威托相信这中间需要平衡。他说："我们尽力不让流程限制我们，流程不是产品。我们侧重执行，把事情做好。你必须要有某些流程，但是不能深陷流程当中，以致行动缓慢。单独来讲，所有流程都合乎逻辑，但是日积月累，它们可能会阻碍伟大产品的诞生。"

曼斯威托的态度反映了高价值创造者如何对待时间问题，但是他们不会让时间成为抑制或压倒自己想法的因素。高价值创造者维持二元时间观的核心在于，相信自己追求的想法并且保持激情。在整个调查中，我们发现他们一直将时间用于有望创造巨大价值的想法上。并非所有的尝试都会成功，但是目的是建立具有一定规模的真实的东西。有了想法，高价值创造者就能在最大程度的行动力和极大的耐心中取得平衡。他们会等待时机正确的时候，但是也会不懈准备，这样，机会来的时候就能抓住。

老牌企业如何更多地将这种"耐心 × 行动力"带入企业里呢？

跳脱季报的短视近利

首先，对于追求新机遇所需的时间框架，企业必须考虑放宽，重新考虑内部期待多久取得投资收益。如果新方案要两年多才能有收益，你会因此放弃它吗？那么三年、五年呢？你是否期待一个季度就看到具体的结果？高价值创造者尽管期待大的收益，但是也很清楚，值得追求的想法同样值得等待。高价值创造者在追求理想的道路上，会最大化利用等待时间来培养技能、掌握知识、确定市场定位、寻找合作伙伴和其他必要的资源，这样，等到市场成熟时，他们已经有了所需要的一切。

与此相反，传统企业虽然也会等待，却很少能做到紧迫的等待。也就是花好几个季度或好几年的时间将技能和资源布置到位，从而在机会到来的时候做好准备，正如史蒂夫·凯斯在互联网大爆炸之前花了十年建立美国在线。然而大多数情况是，企业今天放过了机遇，然后说稍后会再抓住，而它们所指的"稍后"常常为时已晚。

请注意：因为时间框架不符合既有周期而一直拒绝机遇的企业，手里有大好机会，却无所作为。企业暗中为其想要的想法设置了标准，这不仅规定了领导者应该追求什么，也让高价值创造者无法发挥自己富有同理心的想象力。有好想法但不确定时机的高价值创造者，要么保留这些想法不提，要么离开公司去追求实现这些想法。

以下是一些实用技巧，帮助员工和企业缓和在时间管理方面的刻板性。

给员工额外的思考时间

在个人层面，企业给员工布置任务时要重新考虑标准时间尺度。让你的直接上级重新考虑一项项目取得成果需要的时间框架，要思考：比你计划的短，还是比你计划的长？如果没有给项目参与者布置太多其他次要任务，项目会不会完成得更快？如果行不通，就不要接受预先确定的或标准时间框架。可提出其他方案，用耐心 × 行动力工作，以此证明你是对的。

另外一个办法是给那些显示出高价值创造者潜力的人特殊的"思考时间"，并且考虑真正接受他们有兴趣追求的任何事务。乔布斯就以长时间散步出名，他散步时常常带着同事或新的合作伙伴。读过沃尔特·艾萨克森（Walter Isaacson）写的《史蒂夫·乔布斯传》的人，可能认为这个习惯是乔布斯的怪癖，但是考虑到时间，以及时间在激发想象力方面的作用，我们怀疑那些散步是否是乔布斯用来刺激神经突触的方式。不管怎么说，很明显，让最有前途的人才承担更多工作的常规做法是错的。如果想让高价值创造者有机会发现下一个爆品创意，少给他们一点儿工作，看看能发生什么。

要求员工考虑工作时间框架，同时给他们思考时间，这两个举动应该能帮助你搞清楚团队里谁有能力发现未来趋势。请把注意力放在这些人身上，因为他们能够发现被其他人忽略或视为无关紧要的趋势或活动。有些趋势发现者甚至能够看得更远，比如两年或三年后。他们中有些人已经是某个领域的专家，有些人则愿意长期致力于培养某领域的技能。考虑到亿万价值创造者大多是在自己有丰富经验的领域内发现并抓住机遇的这一事实，这些能够看得更远的趋势发现者尤其珍贵。有些人能够看到重要趋势，并且知道如何利用它，企业要考虑结合他们的思考时间和探索时间，让他们着手采取行动来设计并实践想法。

当高价值创造者被要求结合这种"思考"与"行动"时，他们就能发挥十分有影响力的作用。这样做能进一步提出好的想法，为组织带来利益，同时有助于将有远见的执行者与真正的高价值创造者区分开来。有远见的执行者能看到未来趋势，甚至能提出利用趋势的想法，但是他们会陷入现在需要做什么的困境中；高价值创造者与此相反，他们有审视当下需求和关注将来需要做什么的综合能力。寻找并培养那些有"时间政治"头脑的人。最终，当投资者因为某个项目需要超出预期时间才能有收益而决定加速或抛弃某个项目时，高价值创造者就需要额外帮助来面对投资者带来的压力。研发部门对基于时间标准的评估尤为脆弱，需要坚持自己的立场。

机构中的时间控制

公司可以对流程和程序做一些变动，以帮助消除在时间安排上的刻板性。一个看似简单的步骤是在多个时间框架下传达公司目标。以埃里克·莱夫科夫斯基为例，他既对生物科技和生命科学有一个未来愿景，同时又对移动化和社会化有当前的设想。你也应该为企业设定当下和未来的目标。确认这些目标，同时在内部广泛交流意见，能够让企业员工培养富有同理心的想象力，这样，他们在寻找新机遇时就会考虑当下和未来。

对于可以放手执行的想法，同样可以比较高价值创造者和企业在不同阶段花费的相对时间。虽然高价值创造者非常在意想法，但是他们很少花时间通过更多讨论、思考和分析来详细检查。我们在富有同理心的想象力那章强调过，他们倾向于采取使想法成真、变得可操作的行动，用实际顾客来检验想法。正如提出想法时那样，他们会很快把想法塑造成模型，让一小部分顾客来实际验证，在有限的范围内发布。他们通过真正的行动来实现想法，而不是浪费时间担心理论分析。高价值创造者会通过这种方式将他们的产品或服务尽快送到潜在消费者手中，再根据真正的市场体验来调整。

例如，乔·曼斯威托成立晨星公司时，并没有花费数月与潜在客户讨论、检验自己的想法，因为他非常相信自己所做的事情的内在价值。他发布广告，编辑首版期刊，并把期刊送到消费者手中。变化来得很快，但是变化是根据与客户的直接接触做出的。

与此相反，我们了解并与之合作的企业常常在构思概念和制作模型上花费数月，并且耗费大量人力评估市场规模、研究目标群体、分析内部能力和技能组合、评估其他内部执行措施。等到项目启动时，他们已经在理论模型上投入了大量时间和金钱。他们将自己的时间窗口缩小，以留有一个更小的犯错余地。这种方法使得进行必要的实验或调整变得更困难。

最后，对那些尚不在你的企业战略层面但将来可能会放到战略层面的领域或趋势，要探索加入其中的方式和手段。

以上所有措施都是为了发现企业中的高价值创造者，给他们空间来创造更多价值。但是你要记住，不需要追求每个想法，即使有些看起来非常棒。的确，众所周知，能够不懈追求 1~3 个战略重点的公司，比那些一次试图追求 6~8 个的公司要做得多，得到的也更多。对那些你将来可能感兴趣但现在没兴趣的领域要保持耐心和行动力，这能够帮你跟专注于那个领域的企业合作，比如学术机构或新兴公司。以这种方式涉足进来，会让你不需要从当下最紧急的事项中抽取资源，就能在将来给自己留下一席之地。

03

创造性 × 执行力，用大创意获取高价值

不用担心别人会窃取你的想法。如果这个想法是原创的，别人最多囫囵吞枣学到皮毛。

霍华德·艾肯
计算机科学先驱

THE SELF-MADE BILLIONAIRE EFFECT

迈克尔·贾哈里斯和合作伙伴菲利普·弗罗斯特（Philip Frost）1972年买下位于迈阿密的关键制药公司（Key Pharmaceuticals）时，他们认为自己买下了一家体制健全的企业，可以将它作为发展的坚实基础。但是几周后，贾哈里斯去华盛顿参加了一场由美国食品和药物管理局（FDA）召开的会议，他们的希望破灭了。

贾哈里斯后来将关键制药公司转卖给了雅培公司（Abbott Laboratories），又成立了瓦特拉医疗投资公司（Vatera Healthcare Partners）。他在自己的办公室里接受我们的采访时说："我参加了一场有很多心血管专家参加的研讨会，当时FDA要颁布新法律，要求医药公司证明药物疗效。专家们围绕这个议题进行了讨论。"

那时候，长效硝酸甘油药片是关键制药公司的一款主要产品，据说药效长久是它区别于市场上其他产品的唯一特征。贾哈里斯跟我们说："那些专家认为没有所谓的长效的药片。其中一名专家菲利普·内德勒曼（Philip Needleman）博士在实验室做了一系列实验，发现长效口服硝酸甘油片的药效并不长。那时候我就知道自己麻烦了。差不多同时，我们发现关键制药公司之前的管理者做的财务报表并不准确，公司非但没有盈利，实际上还亏损了 70 万美元（公司之前一年的销售额是 150 万美元）。可以这么说，我们开始接手时就已经焦头烂额了。"

大部分管理者希望抛弃问题产品或者寻找新产品，但是贾哈里斯采取了不同的策略，他重新设计了已有产品。那时候，硝酸甘油片只有药片形式。这些药片要几分钟才能进入人体血液，而且很快就会被排出，即使所谓的长效硝酸甘油片也如此。在华盛顿会议上，贾哈里斯听到内德勒曼博士说起硝酸甘油片可以局部使用：将硝酸甘油作为药膏涂到皮肤上，用一整天的时间慢慢吸收。不像口服药片，药膏会使硝酸甘油发挥长效作用。

贾哈里斯也听说过可以用药膏来发挥药效，于是他想到可以让关键制药公司生产局部应用的硝酸甘油，这和穆雷·哈维克（Murray Jarvik）在 10 年后发明尼古丁贴来帮助戒烟的做法大同小异。结果，硝酸甘油贴片成了关键制药公司的拳头产品，将公司带上了盈利的道路，最终在 1986 年，被先灵葆雅公司（Schering-Plough）以 8.36 亿美元收购。

创造性执行从设计开始

贾哈里斯将垂危的制药公司变成了市值 8 亿美元的公司，他采用的办法突出了高价值创造者实践想法时的创造性。**通过富有同理心的想象力实践，他们在公司内部培养了有巨大潜力的商业想法，但是创造爆品不仅需要想法，还需要独辟蹊径，寻找在市场上实践这些想法的方法。**这是两种不同的技能：是梦想和行动兼具的能力，既要想象有哪些可能，又要以能获取最大价值的方式去设计。

贾哈里斯拯救关键制药公司采用的步骤展现了真正的高价值创造者如何重新设计企业中看似微小、固定和不变的方面，从而获取最大价值。高价值创造者可能会从小处入手来获取大收获；就贾哈里斯而言，他专注于如何满足市场对持续发挥药效的硝酸甘油的需求。

这里我们用了动词"设计"，来描述生产一件新产品并将其带入市场做交易时出现的问题的解决方案。设计要考虑多重因素，如策略和战术、销售方式与交易条件、所有权与分销，以及客户体验等。

THE SELF-MADE BILLIONAIRE EFFECT
高价值创造者的思维习惯

将产品带入市场时，高价值创造者会改变或重新设计每个方面。他们会参与产品模型设计、物流配送、定价、商业模式和销售话术。也许还会设计公司股权和交易结构，以便更好地适应机遇。虽然高价值创造者进入的可能是竞争激烈或成熟的市场，但爆品创意常常表现为从未见过的产品或服务。消费者不熟悉这些产品或服务，因此高价值创造者需要精明的推销和交易手段来打下适当的基础。所有元素都触手可及。对高价值创造者来说，设计就是执行，把爆品创意推向市场时，若不重视细节，可能很难实现这些想法。

突出强调设计，很大程度上是因为大多数公司的设计是一脉相承的，商业模式、定价模式、功能、销售话术、交易结构，几乎任何事情都是由企业或行业中已经存在的模式、成本和定价预先确定了的。即使某个公司有所谓的设计感，也几乎仅限于我们用来描述感官的词汇，也就是一件产品的外观、触感，或带给消费者的情感。

但是，在调查亿万富翁创造价值亿万的生意的方式时，我们发现到处都存在设计，各个层面都渗透着设计。亿万富翁詹姆斯·戴森发明了以他的名字命名的真空吸尘器和烘手机，在设计拳头产品时就定位于为家庭清洁提供更好的方案，包括设计了早期的定价和产品配送方式，以表示他的产品是高端、高科技，比起扫帚来更像机器人。

露露柠檬的创始人奇普·威尔逊多年来担任自己服装店的主设计师，设计出了兼具锻炼和休闲风格的无缝瑜伽裤，让顾客穿着衣服健完身后还能接着跟朋友喝咖啡。这种多功能又时尚的设计使得露露柠檬可采取高端定价模式，比早期人们普遍认为的运动裤的售价高了100 美元。威尔逊同样在自己的服装店里设计了关注瑜伽和以冥想为中心的商业文化，他还设计了零售店里的体验式环境：露露柠檬的门店只在架子上放有限的几种商品，给人以供不应求的印象；同时墙上挂出当地瑜伽教练在高级健身房里上课的图片。通过这些设计，威尔逊表明了他想创建的公司类型，以及露露柠檬的目标客户是本地追求时尚、健康的富有人士。

我们在第 1 章中提到了同理心在构思爆品创意时的重要作用，同样，设计也如此。奇普·威尔逊经营西滩冲浪时，了解滑雪和冲浪文化，但他并不是女性瑜伽修炼者，尽管如此，他还是敏锐地嗅出了城市里不断发展的瑜伽时尚，知道女性渴望的服装类型。

重新设计你的市场

白手起家的亿万富翁艾利·布罗德成立的房地产开发公司 KB Home 主要是建造传统、小家庭式的住宅。但是，他从一开始就追求设计创新：建造没有地下室的房子。这个创意帮他节省了数千美元的建筑成本。

20 世纪 50 年代，布罗德开始创业时，燃气供热正式取代煤炭成为家庭取暖方法；那时地下室是用来储存煤炭的，还不像现在这样作为娱乐室。因此，不需要煤炭就意味着地下室不是必需的。随着第一次设计理念的转变（随后还有一楼开放式、厨房和浴室的设施标准化等创举），布罗德在短短几年内为底特律地区很多刚成立的小家庭建造了几百户简易住宅。他的做法击败了当地很多经营了多年的开发商，那些开发商就是因为资历深，反而深受行业传统方式的约束。

布罗德利用同理心看到了房地产市场的增长空间，同时在从事房地产开发时采用创意执行，实现了非传统的住宅设计，这表明设计在高价值创造者执行想法时发挥了重要作用。布罗德进入房地产市场时还是个无名之辈，但设计出经济适用房后，他在市场上找到了立足点。有了立足点后，布罗德再次重新设计，这次集中于房地产开发的运营模式上。

作为一名受过训练的会计师，布罗德常常注意收支平衡。他看到房地产开发的传统商业模式需要投入大量资金购买土地，但买来的土地在真正建房之前却空置数月，甚至数年，更别提销售房屋要花的时间了。这种经营模式使得房地产开发商就像房东一样，但是布罗德想要像制造商那样运营，因此他重新设计 KB Home，将建造流程简化到一个多月，只购买建造房屋所必需的材料，同时改变付款方式，这样他就能用购房者手中的现金在房子建成后支付给承包商；此外，他只买马上要建造房屋的土地。跟竞争对手相比，这些设计改变让他的资金更灵活，能用更少的资金和人力来建造更多的房屋。

在市场运营中，高价值创造者往往需要重新考虑产品基础或商业设计，以获得规模效益。比如，苏丹裔的穆罕默德·易卜拉欣在非洲购买通信许可证创建通信运营公司赛特（Celtel）时，他知道必须打破电信领域一直以来被套餐资费垄断的定价模式。套餐资费是为那些在一定时间段内有稳定、可靠收入的人设计的，却不符合生活在撒哈拉以南非洲国家的大多数居民的需求。这个地区的人非常穷，而且收入非常不稳定。实际上，一些非洲国家政府在招揽有名的电信投资商方面困难重重，正是因为传统投资商看不到贫困地区的人可以怎么支付。

在其他人看似是限制的地方，易卜拉欣看到的却是可以重新设计的机遇。他买下很多个国家的通信许可证，并吸引世界银行作为融资合作伙伴，增大自己的竞争筹码。然后他又着手针对主导非洲移动通信市场的贫困用户重新设计盈利结构。他的解决方案是什么？是销售仅需要几美元的预付卡或刮刮卡，即使每天的生活开销为几美元的人也能买得起。现在手机预付费服务模式在市场中已越来越普遍了，但是易卜拉欣是首批这么做的几个人。他改变了手机用户的数量，降低了每分钟的通信成本，不到 5 年，赛特就在非洲 13 个国家拥有了 600万用户。

这些例子中，高价值创造者关注的设计细节和他们试图释放的大市场潜力之间，存在一种内在的协同性。相比之前的市场参与者，布罗德和易卜拉欣成立企业都是为了满足更多客户的需求，而且有时这些客户不那么富裕。他们非常注意设计细节，因为这对满足如此大规模的市场需求是必不可少的。有时候这些改变并不符合审美趣味，甚至从设计角度来讲谈不上设计。然而，他们一心一意铺平规模化道路，吸引那些由于购置成本高而被市场拒之门外的买家。

我们来比较一下布罗德和易卜拉欣在吸引新顾客时的方法与其他企业采取的传统方法。大多数情况下，公司会以现有的产品为基础，然后在价格和功能方面做些调整。对于不太富裕的群体，它们会降低产品价格、减少功能。这是一种由内向外的方法，关注企业现有的经营模式，然后把产品重新包装再上市。

然而，布罗德、易卜拉欣和其他进行创意执行的高价值创造者显然不会那么做。**他们转变思维，不采取从内向外的方式，而是瞄准新兴的客户群体需求，在设计经营模式时考虑新客户群体。**他们会不断地重新评估、重新设计，就像布罗德将事业版图扩张到加利福尼亚房地产市场那样，考虑到那里人口众多而土地有限，他重新调整方法，设计出造镇计划。

以这种方式考虑设计，能将之前的小众市场变为大规模市场。米基·阿里森在嘉年华游轮公司（Carnival Cruise Lines，后来转型为嘉年华游轮集团）担任多年 CEO，他重改嘉年华游轮公司的经营模式就是通过设计思考重建游轮市场的例子。

阿里森年轻时很长时间都待在海上。在他十几岁时，他父亲买了一艘游轮。高中毕业后，阿里森趁假期去船上工作，一待就是六个月，直到他父亲把他拖到大学。阿里森喜欢那份工作，但是父亲希望他去学校接受教育。

阿里森在位于迈阿密的办公室里接受采访时跟我们说："在船上工作让我觉得很自在，我在学校和工作中进退两难。我想不只是我，任何人一旦登船就一定会着迷。看看我们公司的员工，你能找到在这里工作三四十年的人。游轮是一项很容易让人投入的事业，它能够为人们提供好时光，让人们享受休闲假期，这是一项能让人乐在其中的事业。"

但是喜欢归喜欢，那些年也经历过很多动荡不安。阿里森的父亲跟生意伙伴关系恶化，最终终止了合作。阿里森的父亲开始从一堆废墟中经营嘉年华游轮公司，但是公司一部分由控股公司掌管，控股公司还派来"二号"管理者来监督投资。据说，正是这位"二号"管理者觉得应该给阿里森提供一份更正式的工作，因此阿里森开始体验游轮生意中各个不同的领域：从在港口做登记工作，到在迈阿密领导团队处理预定事宜。就像乔·曼斯威托了解投资或奇普·威尔逊了解服装零售那样，他以相同的方式了解游轮生意。整个过程花费的时间很长，但是他日积月累积攒经验，最终走上了重新设计行业的道路。

阿里森忙着学习企业运营的各个方面，也很享受这个过程，然后突然间被放到了领导者的位置上。"这一切发生在我二十多岁，那时候我正在专心学习，到了二十六七岁时，担任现在称为'航线运营'部门的主管。当时我还没看出这个迹象，但是三十岁生日一过，父亲把我叫到他的办公室。过去我俩常常因为各种原因争吵，老实说，我甚至不记得为什么争吵了，但是我俩看事情真的不一样。某种程度上，他认识到不能再这样子下去了。因此，我刚过三十岁生日，他就把我叫到他的办公室说，'你知道吗？是时候让你接手经营公司了。'然后他拿起公文包就离开了公司，从此再也没回来。"

惯是不够的。只有富有同理心的想象力，而没有耐心的行动力与创造性的执行力，不足以实现目标。

阿里森通过造新船持续提升嘉年华游轮旗舰品牌，同时也集中精力收购其他品牌，特别是那些在其他市场和其他地区占主导地位的品牌。如今，嘉年华母公司已有 10 个知名游轮品牌，包括冠达游轮（Cunard）、荷美游轮（Holland America Line）、公主游轮（Princess Cruises）、歌诗达游轮（Costa）等。正如阿里森解释的那样，为了决定正确的价格、股权结构和谈判方式，每笔交易都需要独特的设计。有些公司有多个股东，就需要让所有股东都接受这个交易结构。其他公司虽然股东单一，但是他们游轮的利润显然更低。

随着船只数量增多，阿里森也需要重新设计游轮业务模式的其他方面，吸引更多人进入游轮度假市场。打造品牌当然发挥作用，但是阿里森似乎只将品牌营销当作设计的次要元素。无论是对他还是对其他人来说，更重要的是重新设计业务模式和销售方法。

"定价是个问题，"他说，"需要将价格降到大众能接受的程度，但是包装也是问题。很早的时候，皇家加勒比国际游轮（Royal Caribbean）开创了一条从洛杉矶飞往迈阿密再登船出发的航线。那时候人人都觉得他们疯了，但是他们一周的游客数量能装满两架波音747 飞机。他们真的改变了一切，那时候市场主要在东海岸，而皇家加勒比游轮打开了西海岸市场。"

阿里森很快响应市场上这一运动，开发空海套票，如今这项服务已经是度假套餐里的常见理念。"我们的第一笔生意是跟美国国家航空公司（National Airlines）合作，那时候美国国家航空公司位于迈阿密，航线涵盖北美八个城市，我们就这样开始合作。那时候我负责预订部门，要想办法搞清楚如何做空海套餐。没有电脑，我们做什么事情都得手动完成。这是个很有趣的挑战，我们做的时候很开心。这也是游轮事业的特征之一，我们总能在工作中找到乐趣。这是一份有趣的工作，人们在船上过得很开心，而我们因为把游客带到船上也很开心。"

2013年，阿里森辞去嘉年华游轮公司CEO一职，但仍保留董事长身份，并且在公司里非常活跃。"10年前我们跟P&O游轮、公主游轮合并，现在我们在世界游轮市场占有很重要的份额，"阿里森告诉我们他当下的观点，"我们不能再靠收购来促进增长，因为我们不想再经历反垄断审批。我们曾想在德国开创新游轮公司，但是德国当局跟我们说，'别费事申请了，我们不会让你们在这里开公司的。'"但是这些变动并不会让这位白手起家的亿万富翁烦恼。他看到了挑战，但是也相信市场潜力还没被完全释放出来。他跟我们说："我只是相信，相信游轮度假这个概念。"

整体性设计

阿里森毕生追求游轮度假概念，让我们见识了何谓"整体性设计"（Design Integrity），即不仅对爆品创意抱持坚定的信念，也要设计出能将这个创意变为客户实际体验的必要的基础。

霍华德·舒尔茨对星巴克的规划是另外一个验证整体性设计的例子。今天，走进任何一家星巴克，你都能清楚地感受到店里的环境经过精心设计。从咖啡豆的味道到咖啡机的摆放，以及如何让咖啡师在调咖啡、煮牛奶并将煮好的浓咖啡放到白色木质托盘上时面对顾客，这每一项都是精心设计的结果。

舒尔茨早些年担任 CEO 时，曾做了许多运营上的决定，把星巴克打造成为一个顾客愿意停留的地方。其中一个重要的方面就是提供给员工的福利。去意大利旅游时，舒尔茨发现意大利咖啡店拥有社群性质，那里的咖啡师调咖啡时会跟顾客（往往是常客）聊天，因此他努力想要把相同的消费体验带到美国。他坚持即使是兼职人员，也应该享有正规的医疗保险。他相信这样做是对的，而且这项政策也是一种有效的招聘手段，能借此招到素质更高、更忠诚的员工。其他的零售商很少为员工提供这种福利，而舒尔茨将之视为整体性设计的重要部分，他意在让店里营造出一种温馨、友好又重视服务的氛围。试想，如果星巴克员工没有那么忠诚，那么星巴克的客户体验会如何呢？

直到现在，舒尔茨依然坚持这种整体性设计，30 年前他买下的西雅图一家小咖啡烘烤店，如今已经成为世界上最知名的品牌了。他在维护星巴克的消费体验的完整性方面没有商量的余地。2007 年，他做了一个代价高昂的决定，将一系列盈利的早餐三明治从菜单上下架几个月，而那时正处于金融危机最艰难的时候。他的理由是什么呢？是因为那些三明治让顾客的星巴克体验打折了。

舒尔茨在其著作《一路向前》（Onward）中描述了在动荡时期调整星巴克的过程。他提到，那时候三明治非常受欢迎，仅靠三明治就极大地提升了顾客的平均消费率。但是这些三明治在许多方面让顾客的星巴克体验打了折扣，最明显的是气味。三明治在端给客户的时候得是热的，所以员工必须得在微波炉里对其进行加热。不可避免的是，有些员工会让三明治在微波炉里多留几秒钟，于是奶酪就会融化在微波炉烤盘上。在忙碌的早晨，没有员工会在服务下个顾客前有时间清理烤盘，于是在加热下个三明治的时候，留在烤盘上的奶酪就会烤糊。

这样一来，员工无意间就抹煞了顾客愿意来星巴克消费的一个最重要的情感触发元素。星巴克变得跟其他充斥着烤焦奶酪的刺鼻味道的地方毫无区别了。舒尔茨宁愿亏本也不愿意破坏星巴克形象，因此他停止供应三明治，告诉食品开发部门再尝试设计新食物。

THE SELF-MADE BILLIONAIRE EFFECT
高价值创造者的思维习惯

这些例子反映出设计是如何深入地定义体验，乃至产品的成功的。只有密切关注消费体验的细节，高价值创造者才能收获成千上万，甚至上百万的顾客。通常，想要赢得顾客的青睐，需要对处事的老方式进行再创造，同时竭尽全力帮助人们重新审视他们对产品的看法。高价值创造者在设计满足顾客需求的产品和体验方面有着过人的能力。

设计销售，设计成交

菲利浦·安舒茨（Philip Anschutz）成年后，加入了父亲那充满不确定性的生意中，在美国进行石油天然气盲目钻探。他花了数年到处承租土地，但是勘探的收益平平。1967 年，他 27 岁，有天半夜，他接到某个油井监督员的电话，情况才有所改变。他发现石油了，而且是一座蕴藏量丰富的油井。

据说，安舒茨走到油田，油井监督员还没盖上井盖，那些流出来的石油没过了脚踝。安舒茨很快办理了 30 天信用证，尽可能多地买下周边土地的租赁权，同时立刻开始钻探石油。他发现的可是液体黄金啊！

至少看似如此，直到某天有名员工不小心烧了油田。事情发生时，安舒茨不在城里，在收音机上听说了这件事。他大受打击、绝望透顶，打电话给大名鼎鼎的油田消防员雷德·阿代尔（Red Adair），请他扑灭大火，但是阿代尔拒绝了。石油勘探领域的圈子很小，人人都知道安舒茨负债了，包括阿代尔。但在安舒茨的诚恳祈求下，阿代尔最终同意了，但是警告安舒茨他要拿到报酬。

幸运的是，阿代尔很出名，那时候华纳兄弟公司计划拍一部由约翰·韦恩（John Wayne）饰演阿代尔的传记电影。安舒茨打电话给华纳兄弟公司，同意让他们拍摄阿代尔灭火的画面。双方以 10 万美元成交。如此一来，阿代尔的报酬有了着落，华纳则为 1968 年上映的电影《地狱战士》（Hellfighters）取得了珍贵的画面；安舒茨得到的现金，除了付给阿代尔报酬外，还够偿还债务。这是一笔史诗般的交易，将安舒茨带上了成为亿万富翁的道路。

我们在这一章提到了高价值创造者如何设计产品、消费体验和交易，来将他们轰动性的想法带入所追求的大市场中。创造可能的交易空间是一门艺术，正如菲利普·安舒茨想到出售油田灭火画面的拍摄权，这种能力体现的也是艺术。不过，除此以外，设计交易、化危机为转机的能力也一样重要。无论是穆罕默德·易卜拉欣与世界银行谈判，提高公信力，从非洲政府那里买到电信许可证；还是米基·阿里森通过收购交易迅速扩张自己的游轮产业规模，**高价值创造者在工作时能够发挥创造力，设计必要的交易，从而把想法带进市场以检验，并把产品或服务卖给需要的生意伙伴和顾客。**

高价值创造者并不一定生来就是推销员，但是，我们的确看到，很多高价值创造者在创立亿万价值的企业之前已经拥有了精湛的销售技能。在我们的调查对象中，79% 的亿万富翁直接从事过销售工作，并且大多数在 30 岁之前有过首次销售经历。64% 的人在大学毕业前就已经开始通过大家熟知的渠道来锻炼销售技巧，比如摆地摊或卖报纸，或像约翰·保罗·德乔里亚一样销售圣诞贺卡，或像乔·曼斯威托一样卖苏打水或薯片给室友。

这些小尝试看似幼稚，但是积攒尽可能多的销售经验很有必要。站在众人面前讲话，能让人学会应对表演焦虑，知道被拒绝其实是不可避免的，甚至是有帮助的。这能让人变得坚韧，从失败中获取经验，从而敲开下一扇门赚得一笔收入。高价值创造者通过销售经历了解顾客，明白需要满足顾客哪些需求，还没有哪种经历能像销售那样带给他们很多感悟。也有些例子是因为在经济面前别无选择，我们调查的对象中，几乎 1/4 的人是在贫穷或极端贫困的环境下长大的，相比之下，有一半人是在享有特权和富裕的环境中长大的。JPMS 和培恩烈酒的创始人约翰·保罗·德乔里亚就出身于贫困家庭，由单亲妈妈养大，为了贴补家用，他开始做销售。同样，柯克·克科里安（Kirk Kerkorian）16 岁时获得了飞行员执照，由于家里需要额外收入，他开始开私人飞机、教飞行课。

双气旋吸尘器和便携式免提烘手机的发明者詹姆斯·戴森，大学毕业后花了好几年时间销售一款名为"海洋卡车"的玻璃纤维深海船，这是他为英国制造公司罗托克（Rotork）设计的产品，对于那段日子，他曾这样写过："远离设计工作的这段日子，最为重要的是，教我明白了只有销售自己制造的东西，处理顾客的问题与他们提出的产品的不足，你才能真正明白自己做了什么，从而结合自己的发明并对其进行改造。我必须快速学习销售技巧，并不是因为我对销售技巧本身特别感兴趣，而是因为我想让自己设计的东西成功。"

我们还能列举出很多白手起家的亿万富翁从事销售工作的故事，比如马克·库班销售过商业软件，理查德·布兰森（Richard Branson）为《学生》周报（Student）销售过广告版面。但是某种程度上，我们调查采访的所有亿万富翁都会遇到转折点，转折点之际的增长发展不光取决于销售策略（Salesmanship），即销售既有的产品或服务的能力；还取决于交易策略（Dealsmanship），即更着重于推销某个想法，有时候要通过重塑买卖情景，或者改变产品、服务、条款、条件、风险。交易策略如同产品开发，跟设计息息相关。

THE SELF-MADE BILLIONAIRE EFFECT
高价值创造者的思维习惯

交易策略既能使高价值创造者销售他们已有的产品和服务，也能让他们为将来打算销售的产品和服务创造条件、建立关系。未来愿景的实现取决于眼前发展的形势。促成交易需要销售策略，但是交易达成还需要高价值创造者的长远视野来设计出一门生意，实现下一个指数级增长。

托马斯·斯泰尔的销售和交易

亿万富翁托马斯·斯泰尔在旧金山创建了法拉龙资本管理公司，

他的故事展现了高价值创造者设计交易然后销售给买家的能力。我们看到，他在投资、拉拢投资人，以及招聘员工方面采取了非传统方式。

斯泰尔 1985 年开创法拉龙，那时候对冲基金还只是金融机构和超级富豪的投资工具。购买对冲基金的投资者原本就很少，1987 年，许多对冲基金遭遇重大损失而被迫关闭，投资人变得越来越少。不过，即便在情况最糟糕的 1987 年，斯泰尔也比大多数对手都出色，赚了6% 的回报。在其他人都亏得一干二净时，这样的收益就是一大笔财富。那时候投资人担惊受怕，这也是他们觉得斯泰尔看起来像是能共事的人的原因。

斯泰尔以奉行"绝对收益"理念在业界获得了响亮的名声。绝对收益就是指在某一给定时间段内，管理财富收获正回报。如今这个概念已非常流行，但在 1987 年时，基金普遍都以相对收益方式管理，也就是通过某些外部标准来衡量投资回报率，比如市场或指数。绝对收益不是斯泰尔发明的，但是在他开始操作基金时还不是常见的投资方式。另外，斯泰尔将法拉龙定位为"事件驱动型"基金，利用重大事件，比如并购案发生前后产生的价格不一致现象来回操作。现在这种管理方式已很普遍，但是他开始的时候是很少见的。在他旧金山的办公室里，他跟我们说："我们采用绝对收益的做法，在当年根本没有其他人愿意尝试，因此会有一定的市场需求。但是现在我已经做了 27年了。你不能做过去我们常常做的事，并不是因为这不对，而是因为这种方式太老了，这就好像你不能在大街上卖半导体收音机一样。是时候向前进了，但是在很长一段时间我们绝对处于领先地位。"

开创法拉龙几年后，斯泰尔和他的基金已经小有名气，得到了耶鲁大学首席投资官兼耶鲁捐赠基金管理者大卫·斯文森（David

Swensen）的注意。斯文森接管捐赠基金与斯泰尔创建法拉龙是同一年，他一上任就几乎立刻着手寻找非传统的机遇。作为投资组合理论的专家，斯文森试图通过新的投资管道来平衡风险、最大化捐赠基金的收益。据报道，他对对冲基金很好奇，在法拉龙刚成立时，他曾跟斯泰尔讨论过相关业务（斯泰尔也是耶鲁校友，曾经在纽黑文市参加耶鲁大学的活动时邀请过斯文森参与投资）。但是斯文森一开始拒绝了，主要是因为薪酬结构观点不合而失去兴趣。那时候的薪酬结构允许对冲基金经理在基金大赚时获得丰厚的报酬，而当投资者输得精光时基金经理却不用承担损失。更糟糕的是，斯文森担心这种薪酬结构下基金经理会缺少追求更高收益的动力。他们两人在 1989 年进行第二次会谈时，斯文森说："老实说，我们不想做这个是因为这种薪酬形式，如果你赔钱了，你不会想着把它赚回来。你会想着只要把原本的基金下市然后再开创新基金就好了。这就是整个薪酬形式存在的问题。"

其他公司可能会采取这种薪酬结构，但斯泰尔没有用。斯泰尔讲了很多关于投资、经营要讲诚信的话题，从他招募的员工、招揽的投资者和进行的投资方面都看得出他很讲诚信。金钱会对人产生影响，但是斯泰尔正是以不受金钱影响而出名：他开一辆旧车，看似对时尚或其他财富诱惑漠不关心。他一开始在高盛工作，决定离开华尔街开创法拉龙时，身边的同事和长辈都警告他是在犯错。"他们跟我说，'在高盛工作，会比你从事任何工作都赚钱。'我说，'我相信你们说的是对的，但我并不是因为钱而离开。我离开不是因为想得到更多的钱，这也不是虚伪的假话，我只不过再也不想在那里待下去了。'"对他来说，从事自己感兴趣的工作，与相处得来的人共事才是最重要的。

他告诉我们："我很想变得优秀，真的很想。我们很在乎优秀，很在乎待人接物的方式和日常表现。在一个充斥着尔虞我诈的环境里，我们尝试出色地完成困难的事情，让自己能够引以为豪。在我们这个行业里，有些人真的很恶心，我的意思是，他们会给我们带来麻烦。很明显这份生意面临的一个大问题就是，如果你只关心钱，那么你怎么可能成为一个有趣或有价值的人呢？金钱很容易腐化人，就像吸食海洛因，你赚得更多、拥有更多时，越发会深陷其中。他们觉得积极的自我价值就是赚更多钱，我认为一个人的真正价值不可能是自我价值。"

斯文森最终相信斯泰尔是在诚信经营，他有人脉，并且能正确利用那些人脉。斯泰尔承诺，如果基金亏损他不会收取任何管理费，斯文森更相信他了。1990 年，斯文森向法拉龙投资 3 亿美元，使斯泰尔管理的资金增长了 30%，同时耶鲁成为首所用对冲基金来使大学捐赠基金多样化的学校，现在这种形式在捐赠基金组合中已非常常见。

高价值创造者不会指望通过不断试错的方法来成长。斯泰尔成功地将法拉龙基金卖给了一大批新投资者，并通过管理这些投资让其产生高收益，从中赚取了亿万资金。但是他过去采取的创意执行方式并不能将他的公司带向未来。说起法拉龙的未来，他说："我们必须步步为营，这很难，但是我们需要在这个世界上保持高效的经营。"

目前，斯泰尔的视野放至全球，开始重新考虑如何创造性地设计法拉龙员工的向心力。比如，他告诉我们他是如何在日本和巴西寻找能共事的人的。他寻找那些聪明、诚实，并且非常了解自己工作地点的文化背景，了解法拉龙的运营方式以及美国的基金法规的专业人士。"我们需要海龟一样的人，"斯泰尔说，"他们能在地上行走，也能在海洋里徜徉。"

据报道，斯泰尔花了 8 年才在日本找到能与他共事的合适的人，在巴西也花了差不多时间。"他们必须在自己的国家里有真本事，也要了解我们公司评估风险和报酬的体系，以及我们对待诚实的不容妥协等其他公司文化。"这种人才很罕见，但是一旦找到，斯泰尔就会尽力留住他们。为了增大可能性，他设计补偿处理，确保每个员工都感到自己受到了重视。"他们能得到可观的工作报酬，同时还能得到总部的补偿金。"

斯泰尔的做法免不了让自己束手束脚，但是总体来讲，他认为这样做对法拉龙很有利：能使小组成员感觉自己受到赏识，从而对公司保持忠诚。

"我有位在纽约经营对冲基金的朋友，"斯泰尔跟我们说，"他冲我吼了多年，'你这么做不行！没有你这么奖励员工的！你给员工的分成太多了……'很多类似的话。基本上他也会给员工分成，但是他理所当然获得最大的那一份。后来每个人都走了。我们则是根据实际经济情况进行调整。因此，如果你创造价值了，我们就按你实际创造价值的份额给你分成。你现在就能得到自己的分成，而不是未来。我们论功行赏，你做到了，就能得到。这不光是跟钱有关，这是合作、共事以及分享相同的价值观。"

无论是拉拢投资者，还是对待员工，斯泰尔期望自己设计的经营模式能将法拉龙带入下一个增长时代，那时候将更多地依靠法令规范不够严谨的地区所贡献的增长。"比如我们想在某地投资，"他举了个例子，"怎么做呢？那个地区以腐败闻名。因此，为法拉龙雇用其他国家的员工时，我会寻找那些卓越又诚实的人，那些成功的同时又诚实的人。因为我们必须得问自己，在一个连妇女选民联盟都无法运作的地方怎么才能实现高效？虽然那里不会有美国证监会，但是美国证监会会监管我们。因此，这很难。在很多地方都这么做，还要跟总部结合起来，这是很难的，很少有人能做到那种程度的管理。"

说服力在成交方面的作用

高价值创造者在兜售计划时需要有一些关键的说服力技能。易卜拉欣有这种能力，安舒茨有这种能力，斯泰尔也有这种能力。早期从事销售和交易的经历使高价值创造者拥有了说服力，这些能力是他们必需的关键工具，尤其是当交易规模变得更大、内容更精细时，这种能力就更为重要了。很多人认为这些品质是天生的；说服力及其姐妹领导力就像金发或者过敏一样，一出生就根深蒂固地存在于 DNA 里。但是有证据表明，像其他很多价值创造技能，这种能力是可以学习的。

耶鲁心理学家卡尔·霍夫兰（Carl Hovland）在 20 世纪四五十年代开始研究使人们相信某个想法的因素。第二次世界大战期间，霍夫兰受聘于美国陆军，看到了阿道夫·希特勒如何利用大众媒体进行蛊惑人心的宣传。霍夫兰和团队建立了说服力的初步模型，将听众接收到一段信息后的反应分成三个主要阶段：注意、理解和接受。如果有人想兜售某个想法，首先让听众注意讲话的内容，然后让他们理解这些内容，再让他们以自己的思考方式接受这些内容。

高价值创造者只有通过在行业内积累工作经验，了解谈判桌对面的人的利益所在，然后进行游说，并不断地尝试，才能明白如何设计出吸引注意力的信息。就像专家在"谈判圣经"《谈判力》（*Getting to Yes*）中建议的那样，高价值创造者知道如何利用自己的优势来设计交易，然后提出的诉求又看似是以对方的利益为考量。顾客就是一切，向错误的顾客推销伟大的想法就跟向正确的顾客推销糟糕的想法一样错误。**我们研究的亿万富翁通过从事销售工作积攒了大量经验，这些经验使他们能够发现目标受众，并且在设计信息时不仅能引人注意，又能让受众易于接受。跟顶尖音乐家进入卡内基音乐厅的方式一样，高价值创造者变得娴熟的关键就是经年累月不间断地练习。**

这种说服力智慧解释了迪特里希·梅特舒兹作为一个不知名的商人如何说服年轻的 F1 赛车手加赫特·贝加（Gerhard Berger），在没有官方代言合约时就手拿一罐红牛四处转悠。同样解释了史蒂夫·乔布斯如何说服苹果高层收购没有多少独特技术的小公司 NeXT，随后又恢复他苹果 CEO 的职位。我们也可以从斯蒂芬·罗斯的瑞联集团（Related Companies）的得意之作时代华纳中心（Time Warner Center）说起，一窥说服力的深层影响。

再开发项目需要有高知名度的品牌租户来支撑交易。为了达成目的，纽约时代华纳中心开发商斯蒂芬·罗斯找到时代华纳 CEO 迪克·帕尔森（Dick Parsons），那时候帕尔森的办公室位于纽约洛克菲勒中心。据罗斯说，帕尔森一开始对搬迁提案并不感兴趣。罗斯还记得帕尔森跟他说："时代华纳在纽约大约有 28 万平方米，我们在洛克菲勒 75 号还能再待 30 年。我们不再需要任何新的空间了。"罗斯并未因此气馁。他记得自己回答说："这不是空间问题，而是要向其他人展示时代华纳公司。没人知道你是谁、你是做什么的。他们会认为你们属于 NBC，但是你们是世界上最大的娱乐传媒公司。你们需要好好地展示自己。"

帕尔森对罗斯的话产生了共鸣。罗斯回忆说："我们讨论了两三分钟，帕尔森对我说，'我会在 10 天内给你答复，让董事会在 60 天内批复。'交易就这样达成了。"罗斯将谈话内容从时代华纳拥有什么，转移到了它需要什么的层面上——让时代华纳位于车流和人流密集并引人注目的高端地理位置，让世界知道时代华纳。通过关注合作伙伴的利益，罗斯设计并推销了一场吸引所有参与者的交易。

布隆伯格的首次交易

迈克尔·布隆伯格如今作为"9·11"恐怖袭击后的纽约市长为人们所熟知，但是他一开始是在知名的所罗门兄弟公司工作，在操作大型机构发行的股票方面业绩斐然，而后很快作为后起之秀在公司得到升迁。作为证券交易员他很出色，于是成了合伙人，拥有随意操作任何一支股票的权限。但是 1978 年，他突然被降职到公司的信息科技部门，不过他依旧在那个职位干到了 1981 年，直到所罗门兄弟公司决定跟大宗商品交易公司飞利浦兄弟公司（Phibro）合并。所罗门公司给了他 1 000 万美元辞退费。从哈佛商学院毕业后就一直在那儿工作的公司，那个他曾说永远都不会离开的公司，现在却让他离开。

这一切发生时布隆伯格已经 39 岁了，他无法想象自己转到另一家华尔街公司工作。于是，他拿出那 1 000 万美元，利用在所罗门学到的证券交易和投资业务方面的知识，再加上辅助交易的科技，创建了自己的公司。"1981 年，谈到一种证券跟另一种证券的相对价值时，大多数华尔街公司还是停留在 20 世纪 60 年代我当职员时的状态，一群人用 2B 铅笔凭直觉记录下太多无聊交易的猜测。"布隆伯格曾写过当时处理投资资料的状态。他想象他可以建立一个系统，记录不同投资工具，比如股票、债券、外汇，并披露各个公司的现状和发展情况，如此一来，交易员就能看到那些之前由于数据太多或某些数据无法获得而被隐藏的投资机遇。布隆伯格雇用了 4 个以前在所罗门兄弟公司工作过的员工，包括执行者施刚达（Tom Secunda，写了第一个分析软件），然后开始推销尚未发明出来的彭博终端机。

他们想到能开发的第一个客户是美林证券（Merrill Lynch）的资本市场部。布隆伯格说，他独自跟资本市场部主管埃德·莫里亚蒂（Ed Moriarty）见面，就像产品已经推出了一样向莫里亚蒂和其团队推荐这款不存在的产品。布隆伯格介绍完后，莫里亚蒂询问软件部主管汉克·亚历山大（Hank Alexander）的意见。亚历山大表示他们自己也能开发。投资银行技术圈喜欢"自己开发"，亚历山大这种反应一点儿都不意外。莫里亚蒂问多久能建好，亚历山大回答说："如果你不给我们安排新任务，我们能在 6 个月内开始启动。"听到这个，布隆伯格说："我们能在 6 个月内完成，如果你们不喜欢，不用付钱。"

那时候，布隆伯格和他的团队只有一个想法，就是帮助美国最知名的商业银行里的交易人员简化工作，除此以外，他们两手空空。但是他却当这个想法已经实现了一样去做交易。布隆伯格利用说服力推销了自己的计划，开发了加入专有数据和分析的客户终端。说起他们推出的首个彭博终端机，布隆伯格说："它并不精致。按照今天的标准，它太简单，甚至有点儿滑稽。但是我们 6 个月内做出了它，而且它能工作。"

THE SELF-MADE BILLIONAIRE EFFECT 培养高价值创造者

鼓励创造性执行

我们在这章试图阐明白手起家的亿万富翁如何通过创造性的执行力来实践爆品创意。通过对产品设计、顾客体验和关键交易的细节进行微调，这些亿万富翁寻找方法，把利用富有同理心的想象力提出的想法融入到广阔的市场中。

面对眼前的大好机遇，管理者如何运用创造性的执行力呢？

利用整合效果

要首先将产品或服务推向市场的各个流程整合起来。传统公司分工都很专业化，也就是说，提出产品想法的人最终会跳出来，把产品如何制造、如何销售留给其他部门决定，而自己将注意力集中到下一个想法上。这种专业分工显然不是高价值创造者采用的方式。相反，他们会想要参与进去，想要看到自己的想法根据自己开始设置的愿景得到实现，而不会因为牵扯太多对原始概念知之甚少的人，从而不可避免地妥协。通过调查以及跟亿万价值创造者聊天，我们强烈地感受到，富有同理心的想象力和创造性的执行力是高价值创造者典型的工作方法，也是他们成功的源泉。

如果你将更多部分综合起来会发生什么呢？举个例子，如果你的设计团队中的詹姆斯·戴森需要花一年时间来销售他发明的产品，会发生什么呢？销售经历会如何改变他的设计？他的设计经历又会如何改变他追求的产品交易呢？

保持综合倾向，如果你让最好的交易员在开发新产品或制订运营模式时参与讨论，会发生什么呢？这位交易员会不会以创造大量机遇为目的提出改变价格或业务模式的想法？

我们承认这些建议会让很多读者紧张。让最好的思考者思考、最好的执行者执行才符合直觉，甚至是最有道理的想法。对执行者来说，那的确是正确的方式，但是对高价值创造者来说，却是错误的方式。执行者应该有责任改善过程，也应该处理并且擅长于创意执行的特定方面。相反，高价值创造者需要思考与行动，对他们来说，这两者不能分开。如果企业想要利用整合效果，就需要给高价值创造者应用这两项技能的机会。

试验，试验，试验

给高价值创造者有机会同时运用思考与行动的一种方式是，让他们尝试试点项目。我们在前文提到过，太多公司在产品上市之前耗时太多，而在样品投入市场跟顾客直接接触的时间太少。如果你想要向高价值创造者看齐，就尝试试点项目，将早期产品投放到有限的市场中或精心挑选的客户中去，早点儿这么做，并且经常这么做。这可以作为检验想法和设计的工具，也才能让高价值创造者进行创意执行实践。

决定启动试点项目时，确保让机构中的高价值创造者决定投资哪个产品或哪项服务。理想情况是，这些高价值创造者有实践想法的具体经验。但实际上，常常是专长设计的执行者彼此建言，形成孤立的"为设计而设计"，无法满足顾客需求。高价值创造者在过程中有话语权，能够给执行者带来一些他们想不到的想法。高价值创造者主导产品发布，可以铺平销售和成交的道路，甚至能在产品问世前做设计调整，扩大规模销售。

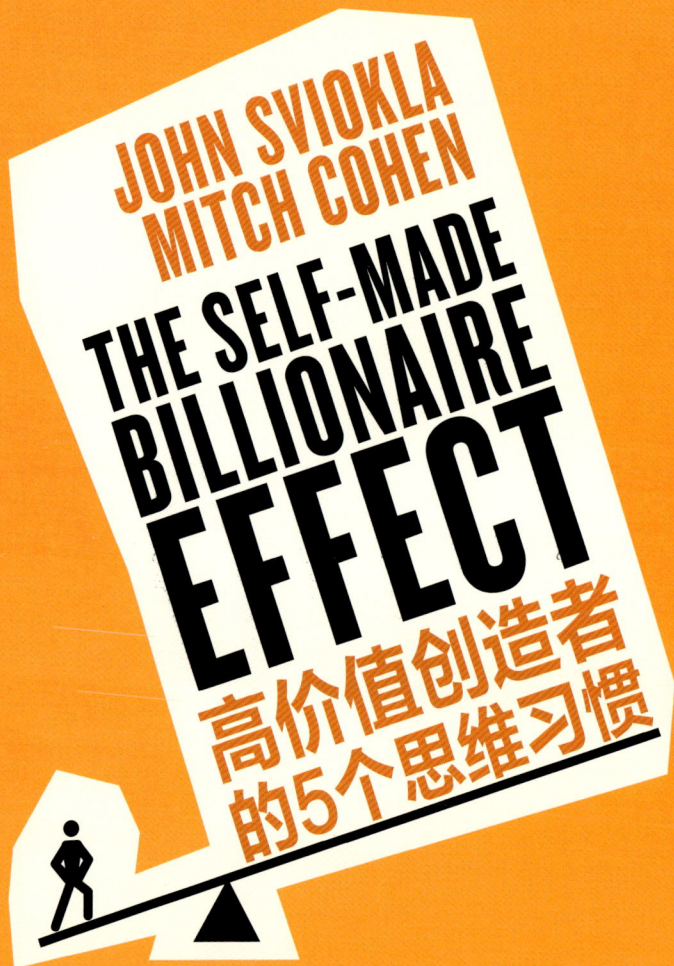

JOHN SVIOKLA
MITCH COHEN

THE SELF-MADE BILLIONAIRE EFFECT

高价值创造者
的5个思维习惯

全球领先的专业咨询机构普华永道
追踪120位白手起家的亿万富翁，历时两年深入调研

真正的创造者不是模式的创造者，而是价值的创造者
每个人，都应该成为高价值创造者

上架指导：企业管理/商业思维

吴卫军
普华永道中国合伙人

T. 布恩·皮肯斯
BP资本管理公司董事长

琳达·希尔
哈佛商学院工商管理学教授

威廉·萨尔曼
哈佛商学院工商管理学教授

唐纳德·戈格尔
CD&R总裁兼首席执行官

阿斯特罗·特勒
Google X实验室负责人，登月计划队长

托马斯·科里根
沃顿商学院阿瑞斯堤高级管理教育学院前副院长

联袂推荐

ISBN 978-7-213-08076-0

9 787213 080760 >

定价：59.90元

试点项目对公司来说并非无风险，我们也并不认为试点项目应该成为高价值创造者的免费赠品。是的，你想鼓励创造，但是你同样需要结果。因此，你需要评估高价值创造者的创意执行的水平如何，制定一套评估他们的具体成效的机制。记住，衡量高价值创造者的成功标准跟衡量执行者的标准不一样。你不能根据逐步的改善效果来评价，而要根据价值潜力来评价。高价值创造者实践时是否能大幅提高市场份额？他的创意执行能否让你以不同方式创造或进入一个全新的市场？这就是成功的标准。

招聘时留意执行力

上面的建议主要应用于公司中已有或者已经发现的高价值创造者。对那些想要招聘更多高价值创造者的公司，可寻找那些参与过设计、销售全新事物的人，或者那些面试时能提出富有创意想法的人。这些人在促成生意、寻找资源或完成项目方面常常有创造性的想法。另外请记住，大多数亿万价值创造者都有具体的销售经历。销售能力几乎是进入这一精英团体的必要条件。如果公司内有巨大潜力的人没有销售经历，那么要确保他们能够很快获得销售经历。

还要记得表扬。如果公司中有关于创意执行的事迹，就要宣传这些事迹，并让其成为公司文化的一部分。

04

冒险精神 × 复原力，逆转风险方程式

敢于挑战强权，赢得光荣的胜利，纵使失败，也远远胜过与那些不痛不痒的灵魂为伍，因为他们被困在灰暗的暮色之中，浑然不知何谓胜败。

罗斯福
美国前总统

THE SELF-MADE BILLIONAIRE EFFECT

张茵 27 岁时用她所有的积蓄 5 000 元港币在中国香港创立了一家纸品贸易公司，为内地制造商提供纸浆。5 年后的 1990 年，她突然关闭了这笔不断增长的业务，移居到加利福尼亚重新开始。

移居海外看起来有很大的风险。张茵英语讲得磕磕巴巴，人生地不熟，在当地也没有几个联络人，更何况美国废品回收行业非常保守。几乎任何一个旁观者都认为，她再次赌上全部积蓄的决定十分草率。然而不到 10 年，她在加利福尼亚建立的废纸回收贸易公司——美国中南有限公司，已经成为美国首屈一指的废纸出口商，而这仅仅只是开始。

看到这个例子，很多创业行为观察家都认为，张茵是一个冒险家，但是他们都错了。我们在研究中并未发现任何证据表明，张茵或其他白手起家的亿万富翁比一般人承受了更多或更大的风险。在旁观者看来，张茵采取的每个举动似乎都带着很多风险，而其他人都会采取更聪明或者是能规避风险的行为。

企业家敢于冒险已是深植于商业文化中的老生常谈，我们原本也以为研究对象是终生热爱冒险的。第二次世界大战期间，柯克·克科里安代表加拿大皇家空军往苏格兰运送飞机。他开着飞机横渡北大西洋，据说因狂风和冰雪而失事的概率高达 25%。还有维珍集团（Virgin Group）的创始人理查德·布兰森爵士（Sir Richard Branson），他冒险家的身份同他企业家的身份一样出名。他曾乘快艇打破横穿大西洋的纪录，也是第一个驾驶热气球飞越大西洋的人。他曾无数次尝试驾驶热气球环游世界，但是不止一次坠毁，差点儿死掉。

尽管这些故事丰富多彩，但这仅仅是例外。我们发现，高价值创造者不仅不会冒无法控制的风险，反而会对风险持相对观点：相对于可能失去的，他们能更理智地评估出自己将得到的。发生损失后，他们坚韧的气质会让他们迅速复原，并再次进行尝试。

真正的风险在哪里

对风险持相对观点并不表示亿万富翁会远离风险，而是说他们冒的风险并不高于每天商业交易中出现的风险。更重要的是，风险的真正根源并不是一般人见到的那样。

风险是认知的结果，这么说似乎不会引起争议，但是将风险看作主观因素而非客观因素，这与很多正统经济观点都相违背，更别提企业实践了。诺贝尔经济学奖获得者丹尼尔·卡尼曼（Daniel Kahneman）和他的研究伙伴阿莫斯·特沃斯基（Amos Tversky）在 1979 年的一篇论文中首次提出了风险主观性的观点，在这篇文章中，他们描述了一系列做过的实验，提出了著名的关于人类决策模型的前景理论（Prospect Theory）。该理论的核心主张是，个人对风险的感知受机遇呈现的方式、机遇呈现的情景、个人经历和其他因素的影响。另外，前景理论首次向世人提出了"损失厌恶"（Loss Aversion）概念，即相对于人们期待得到的新东西，他们更担心失去已经拥有的，现在这一观点已被广泛接受。

THE SELF-MADE BILLIONAIRE EFFECT
高价值创造者的思维习惯

对大多数人来讲，风险主观性特征使他们高估了失败的风险，同时低估了错失收益的风险。相比之下，高价值创造者则能够完全改变这一趋势。例如，张茵就愿意冒失败的风险。如果加利福尼亚行不通，她就会尝试其他地方。高价值创造者不愿意冒的险是让机会白白流失，在应当承担的风险和初始计划行不通而要重新开始时所需的复原力之间，这种动力创造了至关重要的二元性。

如果更加仔细地观察张茵移居美国的背景，就会发现她所面临的风险的一些相关特征。很明显，她并不担心事业在异国他乡如何展开，而是担心待在香港会危及自己的生计。对于她所经营的事业，香港只能提供有限的资源途径，并且内地制造大量高质量纸品的原材料有限。而北美和欧洲不仅有森林、林场，还有很多家庭及办公场所用过的废纸。讨论到那时候的决策，她说："如果待在香港，我就不可能满足内地市场。因为那时候大多数内地纸工厂也都从国外进口，市场潜力很大。"所以，她搬到了一个纸品供应不限的地方，成立了一家公司，向需求紧缺的地区出口原材料。

不妨考虑一下张茵当时所拥有的。她了解内地市场，那时候内地刚好准备开始向外国投资者开放市场；她也了解纸品需求，有内地纸品生产厂商的联系方式，这些人会买她的纸浆；她不会讲英语，但是她的未婚夫兼商业伙伴刘名中会讲英语；并且她相信自己有能力与需要的原料供应商建立起联系。也许最重要的是她信誉良好。20 世纪80 年代，很多香港出口商通过稀释纸浆来增加产量，张茵没有这么做。这是她值得骄傲的地方，据报道，因为她拒绝稀释产品，曾受到过在她所在市场有投资的黑道组织的威胁。对张茵来讲，建立满足内地纸品巨大增长需求所需的供应链，风险最小的办法就是尽力去一个原材料充足的地方。

上述这些细节表明，相比待在香港，张茵移居海外的风险要更小。然而，她通过移居使风险变小的这个事实并不明显，否则每个人都会这么做。看见机遇并了解风险真正所在是张茵创造亿万价值的关键。

并非所有的赌注都会成功。我们发现，所有白手起家的亿万富翁都经历过惊心动魄的挫折，很多人碰上这些挫折后可能早就放弃独立创业的梦想了。比如马克·库班，他被秘书骗走公司全部现金流后，不得不重做他的第一笔大生意 MicroSolutions。石油巨头 T. 布恩·皮肯斯曾被自己花费数十年创立的美萨石油公司（Messa Petroleum）扫地出门，他所经历的挫折跟标志性人物史蒂夫·乔布斯十分相似，乔布斯当年也被苹果公司开除过。

经济学家理查德·泰勒（Richard Thaler）和埃里克·约翰逊（Eric Johnson）研究了经历过投资失败或经营失败的个体，认为这种经历会使他们在看待未来机遇时比没有经历过失败的人更加悲观，也就是说，过往的失败会让大多数人变得不敢持相对观点评估风险。**做了让你丢饭碗或搞砸生意的决定时，没有什么比这更让人焦虑了。尽管如此，高价值创造者似乎能铁了心下决定。如果这个决定错了，他们会做好准备，再次重新开始。这种能力需要的不仅仅是资本，还要有一定程度的个人毅力和自信，这两者能帮他们完全相信自己的想法，相信自己具有执行这个想法的能力。**

这种自信从何而来？来听听张茵的个人经历和生意史吧，很明显，她清楚自己的天赋和需要克服的挑战。早在 20 世纪 80 年代，她离开香港前往加利福尼亚时，根本没想过自己会失败，即使想过，异国创业也远非她生活里面做过的最大的挑战。

张茵出生在中国一个偏远的东北煤矿区，家中有 8 个孩子，她年龄最大。在她还小的时候，家里没有很多钱，因而得早早出去工作。十几岁时，张茵全家搬去了广东省，在那里她得到了第一份工作，在一家纺织公司做会计。她以这家公司做跳板，不断往规模更大的公司寻求更好的工作。这么一算，27 岁的张茵俨然已是位有将近十年工作经验的商场女强人。考虑到这段历史，她日后相信自己能够做出正确的决策，似乎一点儿都不让人吃惊。

搬到加利福尼亚后，张茵和丈夫刘名中在 20 世纪 90 年代通过和美国废品回收公司、垃圾清运公司，以及其他一些供应废纸资源的公司培养关系，创立了美国中南有限公司。在某种程度上，他们的历史就像公路旅行故事。他们买了辆二手道奇，开着它在美国到处转，跟潜在供应商发展关系，并收集资料。2001 年，美国中南有限公司已经是全美最大的纸浆原材料出口商。而这个公司还只是张氏帝国的一部分。1996 年，还在洛杉矶建立纸材料供应链时，她返回中国，跟刘名中和弟弟张成飞一起成立了玖龙纸业公司。除了别的业务，玖龙还做纸加工业务，生产纸箱。

这是一套可循环运作的体系，美国中南有限公司从美国收集纸浆原材料，以打折价出口给玖龙纸业公司和其他一些中国纸加工商。在中国，这些纸被加工成纸箱，专门包装价格低廉的中国制造品，然后再运回美国，卖给消费者，如此循环。美国中南有限公司和玖龙纸业公司让张茵、刘名中和张成飞成了亿万富翁。

总而言之，对于张茵来说，真正的风险并非尝试失败，而是错失良机。在亿万富翁这一群体中，我们一再看到了这个观点。迈克尔·布隆伯格在被所罗门兄弟公司扫地出门后，仅仅几个月就创建了商务咨询公司。此时他已经 39 岁，但他并不担心失败，而是思索怎样度过余生。亚历克斯·斯潘诺斯作为美国最大的集合住宅开发商之一而名扬四海。他在 27 岁时离开了父亲的面包房，同样不担心失败，而是忧虑错失扩张生意的良机，而他的父亲从来不愿如此尝试。嘉年华游轮大亨米基·阿里森也不曾忧心如何经营继承自父亲的四艘破旧的游轮船队，而是绞尽脑汁，试图让游轮体验成为主流的度假方式。

亿万富翁的这种观点在某种程度上与企业员工遵循的准则截然相反。许多有抱负的管理者认为，就他们的事业前途而言，失败的风险远大于错失机会。

亿万富翁不是大冒险家

亿万富翁对于风险的承受能力并不比普通商人高，这点让我们既惊讶又难以置信。毕竟，"创业者都是冒险家"这种论调在商业文化中是如此普遍。然而我们思考越多、调研越多，就会越清楚，问题不在于风险容忍度，而在于对待风险的态度。亿万富翁不会高估风险，也不会冒不合理的风险。

我们在加利福尼亚斯托克顿与亿万富翁亚历克斯·斯潘诺斯的儿子迪恩·斯潘诺斯（Dean Spanos）交谈时，他跟我们分享了一个故事，强调了风险分情况而论的观点：有亿万富翁愿意和不愿意冒的风险。

迪恩·斯潘诺斯说道："20年前，我们想收购佛罗里达州的一家信贷公司，公司的CFO杰利·墨菲（Jerry Murphy）、父亲和我飞到佛罗里达州进行协商。我们走进一间会议桌和屋子一样长的会议室，里面坐满了律师和投资银行家，我们在那里开始会谈。

"坐在那里三个半小时，一直听他们讲公司结构、销售额和其他一些事情。我看了看杰利·墨菲，他是个非常非常聪明的人，我问他，'我真的什么都没听懂，是我错过了什么吗？'杰利说，'没。我也不确定自己是否理解他们讲的东西。'这种情形持续了三个小时，这段时间对父亲来说可够久的，直到对方董事长看着父亲问，'好了，亚历克斯，你觉得怎么样？感兴趣吗？觉得能达成交易吗？'父亲说道，'我有个问题，三个小时前我已经问过了，现在得再问一遍，你这家公司赚钱了吗？我指的是实实在在的美元。'"

"整个屋里没人回答得上来。于是父亲站起来说，'你们能回答这个问题时，给我打个电话，那时我可能就感兴趣了。'说完我们就走了。30 天后，那家信贷公司被联邦存款保险公司（Federal Deposit Insurance Corporation）接管了。"

亚历克斯·斯潘诺斯有意收购一家信贷公司，而这家公司满足条件且表面上看起来也具备操作可能。很多成功的企业都以收购一家不景气的公司为开端，最终企业家的生意慢慢好转，迈克尔·贾哈里斯与关键制药公司就是如此。故事的重点不在于亚历克斯·斯潘诺斯的风险雷达阻止他收购一家不景气的公司，而是他脑海中很清楚交易中哪儿有风险、哪儿没有。会议室中每个人都在讨论公司结构和交易结构，但是亚历克斯·斯潘诺斯只想搞清楚一个简单的事实：这家公司赚钱吗？这个问题没人能够或者愿意回答的话，对他而言就是危险信号：表明这家公司要么无人确切知道是如何经营的，要么管理层在隐瞒一些事情。

亚历克斯·斯潘诺斯收购信贷公司的故事代表了一种"核心"的思维模式，研究中的很多亿万富翁都拥有这种思维模式。沃尔特·艾萨克森的《史蒂夫·乔布斯传》中强调过，乔布斯也有类似的品质。乔布斯谈判时不想看罗列了各种条款和保护条件的几百页厚的合同，他只在几页纸里简单表达双方协议。

THE SELF-MADE BILLIONAIRE EFFECT
高价值创造者的思维习惯

对什么能带来价值、什么能带来风险有清晰的认识，在企业环境中是一项很宝贵的技能。我们知道，很多公司情愿花 50 亿元使用企业资源计划软件（ERP，风险高，而且收益不确定），却会对花费几百万元推出新产品而举棋不定。高价值创造者跟普通人相比，在判断风险在哪儿和潜在回报是什么方面表现更佳。

企业家更愿意承担风险，不只是我们很难发现证据表明这种观点。社会学家米歇尔·维莱特（Michel Villette）和历史学家卡特琳·维耶尔莫（Catherine Vuillermot）几年前把针对商业代表性人士的研究报告写成《从掠夺者到偶像》（*From Predators to Icons*）一书。他们在书里提到，商业代表性人物冒的风险通常一点儿都不算高风险。很多所谓的高风险交易应该描述为"不对称"交易才对：商业代表性人物知道某项资产或市场的价值，而他的竞争对手不知道。在某些情况下，他们还拥有其他一些资产，能够使一项收购变得更有价值。

除了维莱特和维耶尔莫，还有很多调查企业家精神与风险之间关系的学者，比如圣路易斯大学的创业课程教授罗伯特·布罗克豪斯（Robert Brockhaus）。1980 年，布罗克豪斯发表了一篇关于企业家与风险承担的学术论文。在当时，人们普遍认为企业家是活跃的风险承担者。但是，将创业者的风险承担倾向与那些在现有企业工作的人的风险承担倾向作对比后，布罗克豪斯发现这两者之间并无区别。其他人紧跟着得出了同样的结论。

晨星公司创始人乔·曼斯威托一开始创建共同基金评级公司时承担的风险，进一步确认了我们研究中得到的结论。曼斯威托是拿自己的钱冒险，据说最初几年，他花了 25 万美元个人存款来成立公司。为了创办晨星公司，他将父亲每月替他购买的债券兑换成了现金，这相当于将储备金都赌上了。但是听他说起时，他真的一点儿都不担心。他说："我创办晨星公司时，从未感受到风险的存在。某种程度上我知道一切都行得通，最坏的情况就是父母收留我。我从未觉得自己创办了一个充满风险的企业。企业所需资金不多，我未婚，不需要养家或还贷。我还真没想过风险和事情行不通之类的事情。那时候，我更多考虑的是发展公司。作为公司创立者，我相信风险是能够控制的。"

风险是相对的，不是绝对的

房地产开发公司瑞联集团创始人斯蒂芬·罗斯的事迹，可以作为另一个有关复原力与相对风险观的案例研究。罗斯以积极进取闻名。也许至今他最有名的项目是重新开发纽约市哥伦布广场，如今时代华纳中心总部就坐落于此。罗斯注意到五十九大街和百老汇大街交叉的地段时，那里还是一片破旧不堪、交通拥挤、杂乱无章、建筑丑陋、街景过时的区域，但是罗斯看到了不一样的光景。

我们在他位于时代华纳中心的办公室里采访他，他回忆当时在那片区域看到的事物。"我看着窗外，然后说，'嘿，要知道这里是纽约最好的地段，看看这里的方位和周围的一切。'"罗斯想象它能变成的样子：成为通往上西区的门户，成为商、往、旅混用的空间，同时还有高级餐厅和爵士乐场地，一路通往大都会歌剧院和纽约市芭蕾舞团所在的纽约知名表演场地林肯中心。他说："当时经济中心不在这儿，但是我已经可以预见这里将成为世界一流的地标，我们想要拥有这样的地标。"现在时代华纳中心正是罗斯所想象的世界一流的地标。

罗斯似乎总是能提出远大的计划，尽管他需要合适的环境来实现他的大计划。二十五六岁的时候，罗斯从家乡底特律搬到纽约，在投资银行莱尔德（Larid）工作。他那时候的工作是为那些想通过投资来避税的顾客提供经济适用房交易。但是，罗斯只在纽约待了一年，就因为银行领导的变动而丢了工作。

罗斯很快又在贝尔斯登公司的房地产部门找到了一份工作，但是在那里他也遇到了麻烦。尽管罗斯了解市场，但是在独立完成交易方面还是个新手。那时候，房地产还是投资银行业务的利基市场。在谈判桌上罗斯需要靠老板来完成交易，但是据罗斯所说，他老板很看不起他。情况最终演变成两人之间的公然对抗，罗斯又一次丢了工作，他那时 29 岁，住在纽约市，20 世纪 70 年代的纽约跟现在一样，物价昂贵，让人觉得孤独。

"两年多的时间就在华尔街丢了两次工作，"罗斯跟我们说，"有了那个记录，我无法再找到工作了。"

当然，创业并非没有风险。但是罗斯看到，就业市场的风险比自己创建房地产开发公司要大得多。投资银行的圈子很小，而房地产投资领域的世界更小，两年被炒鱿鱼两次的人是无法轻易翻身登陆的。尽管他还能再碰碰运气，但是罗斯对自己"失业"的评价十分正确，就算在华尔街的公司找到工作，也得不到任何有意义的机遇。

罗斯的故事绝非个案。很多白手起家的亿万富翁做企业员工时工作都不稳定，我们调查的对象中，25% 的亿万富翁都曾被雇主解雇或被排挤出去过。乔布斯在雅达利工作时，因为个人卫生差、乱发脾气，惹得其他同事抱怨连连而不得不上夜班。马克·库班也多次换过工作，每六个月就换一份工作，25 岁时，他因为不顾老板禁令参加了某个销售拜访而遭到解雇，于是开创了自己的首个公司 MicroSolutions。因为跟上司发生冲突，JPMS 和培恩烈酒的创始人约翰·保罗·德乔里亚曾分别被丽得康实验室（Redken Laboratories）和美发研究院（Institute of Trichology）解雇过。迈克尔·布隆伯格则是因为公司收购而被所罗门兄弟公司解雇。

石油大亨 T. 布恩·皮肯斯可以作为高价值创造者在职场发展不顺的代表。年轻的皮肯斯毕业后进入菲利普斯石油公司（Philips Petroleum），这是他职业生涯的第一家公司，但是菲利普斯石油公司行动缓慢、挥霍创新机遇且缺少创新，皮肯斯为此心灰意冷，工作上没有成绩，很不开心。像年轻时的皮肯斯一样的高价值创造者不一定会被他们就职的公司降职或解雇，但是他们坚持要拥有更好的工作、更大的机遇或者促成更大的交易。一旦他们明白就职的公司不会给他们那些机会，他们就出去靠自己。对这些人来说，跟雇主待在不愉快的场景中远比他们自己当企业家的风险要大。

清楚认识你的最佳替代方案

高价值创造者处理风险的一个途径是，在将谈判筹码投向未来时清楚地认识自己谈判以外的最佳替代方案（Best Alternative to a Negotiatel Agreement，简称 BATNA）。《谈判力》中提出，了解 BATNA 能帮助谈判者避免把所有注意力集中在交易本身，因为交易本身的内部复杂性会让人看不清更大的环境。对高价值创造者来说，谈判要点在于他们如何度过自己的时间以及他们的职业生涯能走多远。他们很少担心现在可能损失的，而是更擅长评估未来他们能从机遇中获得什么。再次借用行为科学知识，**高价值创造者似乎都能接受短期损失或牺牲的风险，以增大未来创造巨大价值的机会。高价值创**

造者能采取相对观点，是因为他们对在更大的环境中可接受的最佳替代方案有清晰的认识。

对斯蒂芬·罗斯这样在职场上不如意的员工来说，他们能看到的最佳替代方案是为另一家公司工作，看着老板搞不清楚世界趋势而错失良机。最不济，也只是再次失业而已。

离开贝尔斯登后，失业的罗斯创办房地产开发公司，已经没什么可损失的了。还在莱尔德工作的时候，他就写过一份商业计划书，但不知道自己能否实现这个计划。他根据已有的知识，利用富有同理心的想象力，提出远大的计划：创办一家公司，公司业务涉及经济适用房开发的所有组成部分，包括开发新房地产、按揭贷款、联合现有开发，获得政府在住房和城市开发方面投入的补贴。创办企业需要资金，需要很多资金，但是罗斯没有资金，这是他面临的挑战。

他也看到过 20 世纪七八十年代快速商业周期如何给房地产开发商带来很多压力。房地产开发商需要开发新地产来得到开发费，但是需求方面一旦出现短暂停滞，他们的所有投资就会处于风险中。所以，罗斯知道他急切需要开发费之外的其他收入来源以支撑他的现金流，确保他开发房地产的时候能够支付账单。出于此目的，他转向联合，在房地产领域就是购买其他人的开发项目，然后将项目卖给第三方投资者。他出去单干的第一年，成功地完成了三笔联合交易，收入 12 万美元，而在华尔街工作时他每年只挣 25 000 美元。对于获得的资金，他只留下维持生活所需要的部分，将其余都投入到生意中。

在瑞联集团的发展过程中，罗斯以年金型收入作为现金来源，确保事业顺利发展。他从联合开始，等到楼盘落成后，他就增加租赁收入。

曾经不止一次，在他可能面临严重的生意失败时，这些可靠收入扮演了救命钱的角色。比如，他跟我们说，1991 年东北部房地产崩盘时，受他个人重整某些交易方式的影响，欠下了很多银行总计 1.2 亿美元的账。竞争对手想要从银行那里收购债务，借此铲除罗斯，但是那个阴谋失败了。银行继续支持罗斯，跟他一起制订了还贷计划，他们依旧对瑞联集团从联合和租赁生意中获得的缓慢、持续的现金流充满信心。不到三年，罗斯就还完了银行的贷款。

今天，罗斯的韧性和对风险持相对观点使他开始着手开发哈德逊园区（Hudson Yards），这是在曼哈顿上西区的一次大胆开发计划，罗斯是目前在那里拥有最多土地的开发商。之前几次投资哈德逊园区项目的尝试都失败了，投资者觉得风险太大，过于依赖纽约市政府和地铁线延伸，而地铁线路由管理纽约公共交通系统的大都会运输署（Metropolitan Transportation Authority）负责，常年资金短缺。然而，罗斯并没被吓倒，他耐心等待，后来，时任纽约市市长的亿万富翁迈克尔·布隆伯格对开发哈德逊园区抱持了极大兴趣，这间接帮助了罗斯的土地收购。

回想看到可能性和事情进展不顺利时克服困难的能力，罗斯说："事情最糟糕时，你就寻找积极的方面。没有什么能一直顺利，你总会碰到几次重大问题，事情真的很糟糕，这时候你需要看看积极的方面。"

永远不要押上全部赌注

尽管没有时代华纳中心和哈德逊园区这样的开发项目光鲜亮丽、魅力四射，但罗斯公司的联合项目生意是我们认为白手起家的亿万富翁让自己对风险持相对观点的绝佳范例：他们会预留一些下个年度可用的资源。我们不断在白手起家的亿万富翁身上看到大手笔投资，仿佛他们不把钱当钱看。然而，虽然投资规模巨大，但是他们常常还有第二收入来源或者安全的现金来源，这样一来，他们追求有较高风险的机遇时能靠那些收入维持偿还能力。

第二份收入的工作可能枯燥无味。20 世纪 50 年代早期，来自得克萨斯州的石油大亨 T. 布恩·皮肯斯开创自己首个企业时，他的副业是每天 75 美元收入的井位咨询工作。皮肯斯离开菲利普斯石油公司时 26 岁，有两个孩子，妻子还怀着孕。在他看来，待在菲利普斯石油公司，最好的前途也就是二三十年后做到勘探方面副总的职位，而且这个职位他既不想要，也没把握能得到，因为他估测自己远非公司里最好的地质学家。出去单干明显比留下来追求一份自己并不感兴趣的职业要好得多。于是他离开菲利普斯去碰运气，但是他也知道自己需要先填饱肚子。井位工作很累人，但是能给他钱，让他追求自己的规划，培养需要的关系，来成立他的首个公司——梅沙石油公司（Mesa Petroleum）。

保持现在的状态，然后进行下一笔投资跟两面下注并不一样。高价值创造者不会专门寻求另一笔收入或进行另一笔投资，来平衡另外一个有风险的职位。这更像是一种处事哲学或生活方式，每个人都有自己独特的做法。

建筑行业的亿万富翁亚历克斯·斯潘诺斯，靠给加利福尼亚中央谷的农民工提供饮食和住宿发家，奉行"现收现付"哲理，哪怕在资金密集的房地产开发领域也如此。亚历克斯·斯潘诺斯的女儿亚丽克西斯·斯潘诺斯·鲁尔（Alexis Spanos Ruhl）跟我们说，不管是买车还是重要的土地收购，她父亲都只有一种购买方式。"如果没有现金支付，他就不会购买，"她说，"他反对依靠借贷和信用卡，不喜欢也不信任这些东西。如果想买什么，要么用现金买，要么不买。以前很多人不同意这一点，现在依旧不同意，但是这确实有效。"

马克·库班的方式也是一样。他也建议年轻的企业家避免借贷，简单生活，这样他们的生活成本就会尽可能的低。这可以改变一个人对风险的看法，同时建立风险缓冲。"我们每个人都会选择不同的道路，"库班写道，"但是没有什么比拥有一大堆钱更能让一个 22 岁的人快速实现自己理想的了。"

库班喜欢讲述他刚毕业时的故事，那时候他四处转悠，寻找真正想做的工作。他睡在朋友家的公寓地板上，工作换了一份又一份，靠鸡翅和啤酒果腹。创办 MicroSolutions 赚了很多钱，经济稳定了，这才跟人合租。这些生活上的选择使得他能够在生意失败后重新开始。

库班曾不止一次使用这种缓冲措施。Microsolutions 开始运转两年后，秘书偷走了他和生意伙伴马丁·伍德尔（Martin Woodall）赚的8.5 万美元，更糟糕的是，那是他们的全部资产。几年后，公寓着火，烧掉了他的所有东西，包括他花 2.5 万美元刚给女朋友买的订婚戒指。这些经历显然有助于他成长。即使今天，这位 54 岁的亿万富翁在谈起创办企业时还令人难以置信地保守，他说："对刚起步的企业家，只有两种合理的资金来源，就是自己的口袋和顾客的口袋。"

保持现在的状态，然后进行下一笔投资，并不意味着高价值创造者没有尽全力抓住机遇。相反，他们是在尽力抓住机遇，只是对他们来说，那些让他们失败后无法重新站起来再次开始的风险，绝对是不合理的风险。

在失败的绝望中不忘重新开始

我们在本章开头讨论过，重新开始的能力对取得突破性成功必不可少。我们调查的对象中，大多数白手起家的亿万富翁只有在第二次、第三次或第四次创业后才创造出巨大价值。乔·曼斯威托创建晨星公司、马克·库班创建 Broadcast.com、T. 布恩·皮肯斯创建布恩·皮肯斯资本管理公司、理查德·布兰森创建维珍集团、张茵创建美国中南有限公司和玖龙纸业、史蒂夫·乔布斯创建皮克斯、史蒂夫·永利创建永利度假村（Wynn Resorts）、吕志和创建银河娱乐集团（Galaxy），本章提到的所有高价值创造者以及其他很多高价值创造者在获得第一个亿万财富前，都经历过早期创业失败或不怎么成功。他们有些开始创办的公司很小，有些很大，比如史蒂夫·永利创建并发展了拉斯维加斯房地产开发公司梦幻度假村集团（Mirage Resorts），但他在 2000 年合并中被柯克·克科里安踢出了团队。

连续创业似乎能提高新企业的存活机会。最近由尤因·马里恩·考夫曼基金（Ewing Marion Kauffman Foundation）赞助的一项研究表明，连续创业者（有时候经历连续失败）创办的企业要比第一次创业的人创办的企业更容易生存。在风险世界中，很多高价值创造者需要经历过早期创业才能掌握决策技能，并快速得到什么有效、什么无效的反馈。如果企业家想要克服对企业风险真正来源的偏差，早期创业学到的反馈就至关重要。不管早期创业规模是大还是小，连续创业者都从中学习了培养富有同理心的想象力所需的视野，掌握了对创意执行至关重要的设计技能和交易策略，学会了通过耐心的行动力运营，也学会了人才管理、销售、合作，等等。高价值创造者创办公司的实践，给了他们采取风险相对观所需要的经历。公司以降职或解雇的方式对待失败的人，只是它们抑制未来价值创造的众多途径中的一种。

但是我们并不想给大家留下这样的印象，让大家觉得失败后重来很容易，尤其是经历重大挫败后，比如像史蒂夫·永利那样的挫败，或者像乔布斯被苹果公司驱逐的挫败，又或者像 T. 布恩·皮肯斯在掌管自己创建的石油公司近 40 年后被解雇那样的失败。皮肯斯被解雇的那年是 1996 年，他 68 岁，身陷有争议的离婚问题中。他在自传《我的人生"狠"字当头》（*The First Billion Is the Harbest*）中写道，那段时期和那时经历的事情让他陷入了深深的绝望中。

困难时期对于皮肯斯来说并不陌生。从年轻时起，他就已经清楚自己的 BNTNA。"16 岁时，我当过钻工，"在他位于达拉斯的办公室里，他跟我们说，"钻工只是我做过的众多工作中的一份，那份工作让我明白某个地方肯定有比这更好的工作。所以在 1944 年至 1946 年到铁路公司上班，都是做暑期工，先后当过锅炉师傅的助手和信号检修工的助手，最后成为火车头的锅炉工。我那时候想，'这些工作是很好的锻炼，但是它们只是自己在没有接受教育的条件下所能看得到的工作，自己余生都要做这些工作了。我可不要一辈子都干这个。'"

皮肯斯对自己想要什么有清楚的认识，这给他提供了动力，让他在二十多岁时决定离开菲利普斯石油公司出去单干，这条路最终帮助他从两位合作伙伴那里得到经费，成立了梅沙石油公司。公司起初靠购买租约、勘探石油逐步增长。租约收益很好，使得公司能够购买更多租约，一直良性循环下去。梅沙石油公司以这种方式增长了大约 10年，信誉良好。但是到 20 世纪 60 年代中期，皮肯斯开始看到公司能够成交的交易规模严重受到公司规模的限制。于是，他提前几年首次公开募股，扩大公司获取资金的途径，买断其中一位出资伙伴的股份，但是进一步发展需要更激进的方法。

结合风险相对观，相比抓住机遇来做更大的交易，皮肯斯看到继续缓慢增长的道路风险更大，这条路犹如敲响了公司的丧钟，于是他提议通过收购资产被低估的大公司来快速发展。哈葛顿制造公司（Hugoton Production Company）就是他做的第一笔交易。

"我花了些时间了解哈葛顿制造公司，这家公司没什么增长、寂静无声，但拥有位于堪萨斯州西南部的全美最大的油田哈葛顿油田（Hugoton Field）的大部分产权。我调查这家公司，认识了它的 CEO 和另外一位管理者，我跟我公司董事会说，'我觉得我们能够收购这家公司。'我永远都不会忘记董事会中的一个成员跟我说的话，'布恩，收购这家公司你一点儿机会都没有。你是个梦想家，但是我们甚至没有收购这家公司的可能性。'"

董事会有各种理由认为这次收购不可能成功。哈葛顿制造公司的规模是梅沙石油公司的 20 倍。此外，皮肯斯招来的 CEO 和业务主管对收购并不抱开放态度。但是皮肯斯找到了另外一种方法，他说服董事会，对愿意出售哈葛顿制造公司股票的持股人，他都提供 1.8 倍份额的梅沙石油公司股票。这样一来，梅沙石油公司收购了哈葛顿制造公司 30% 的股份，而皮肯斯也开始被视为"公司掠夺者"。

收购哈葛顿制造公司为梅沙石油公司铺平了道路，让梅沙石油公司至今仍保持石油天然气巨头地位，但是皮肯斯本人并非没有损失。他在收购哈葛顿制造公司的时候持梅沙石油公司 23% 的股份。"如果我能像今天这么聪明，我就应该对董事会这么说，'如果我能够收购成功，我的股权不被稀释。'但是那时候我没有说，我们收购了哈葛顿制造公司。它的规模是我们的 20 倍大，现在我持有的股份只有 1.5%。"

30 年后，皮肯斯努力将自己持有的股份升到了 7.5%，但是当他发现自己再次跟公司其他领导和董事会冲突的时候，这个份额还不足以保护他免遭被踢出团队的命运。

很多人在那个时候就会停止工作了。皮肯斯不缺钱，虽然他的收入远不及赚取首个十亿时多，但是依旧有足够多的钱享受退休生活，打打高尔夫球、逛逛农场。但是，他跟我们说，自己从没那么想过。那时候他依旧喜欢工作，现在 80 多岁了依旧工作。

他从梅沙石油公司带了五名员工和一张桌子，成立了一家新公司叫布恩·皮肯斯资本管理公司，也就是众所周知的 BP 资本管理公司，计划创建投资基金，交易石油天然气商品。他计划从老顾客和忠实支持者那儿募集 5 000 万到一亿美元的资金，但是早期事情没按他的计划进展。首先，要成为期货基金经理人需要参加美国期货协会的考试，考了两次他都没通过。然后他在募集成立公司需要的资金方面也遇到了问题。最后，他从很多值得信任的朋友那里拼凑了 3 700 万美元，基金才得以成立。

更糟糕的是，1999 年 1 月，基金跌到了最低值 270 万美元。因为押错了赌注，将钱投到了墨西哥湾的深海石油开采中，公司做的每项投资都以损失告终。不到两年，BP 资本管理公司就亏了 90%。皮肯斯遭遇了另一次失败。"别担心，"一位朋友兼基金投资者对 BP 资本管理公司的员工说，"布恩会救我们出去的。"

事实证明，那位朋友具有先见之明。还在梅沙石油公司任职的时候，受美国新发现石油数量逐年减少的启发，皮肯斯就一直催促董事会在天然气储量方面加大投资。现在他领导自己的商品基金，依旧相信天然气价格会上涨，因为发电厂和新建筑领域正越来越依赖天然气作为供电、供暖的主要燃料。很少有人能分享他的乐观，20世纪90年代，石油价格未变动，皮肯斯处于争论的失败方。但是在BP资本管理公司的时候，他时机抓对了。2000年早期，他用剩下的270万美元买了尽可能多的天然气期货，这一年天然气价格一路高涨，不到一年，BP资本管理公司能源基金就已经涨到了2.5亿美元。他以最高价，即每立方尺天然气约10美元的价格出售，然后将2.22亿美元分给了投资者。第二年，皮肯斯利用富有同理心的想象力提出了新想法，开了第二支基金，并迈上了他成为亿万富翁的道路。

今天，皮肯斯很少考虑他经历过的低潮，而是更多地考虑职业生涯中收获到的。"有悲伤的日子、糟糕的日子、令人害怕的日子，"他跟我们说，"但是那种日子会在回忆中慢慢淡去，你记住的是那些好日子，而不是糟糕的日子。我这么做，对我来说很有用。"

对比皮肯斯的韧性，就更显得苹果联合创始人之一罗恩·韦恩（Ron Wayne）犹豫不决。韦恩做过老虎机生意，结果失败了，损失了5万美元。生意失败后，他去雅达利工作，在那里遇到了乔布斯。后来乔布斯邀请他以第三个合伙人身份加入苹果公司，来平衡与调解乔布斯和工程神童史蒂夫·沃兹尼亚克（Steve Wozniak）之间的分歧。一开始韦恩充满激情，但是没多久他就意识到，这两个人希望他进一步做新创建的苹果公司的合伙股东。韦恩比其他两位合作伙伴年长得多，他担心乔布斯为开发"Apple I"四处借款，而最终产品没有成功的话，自己将会再次负债。最终他没能克服恐惧，公司成立没几天他就退出了。

改变你的风险观念

高价值创造者不会因为受到打击而结束创业，即使是那些看似毁灭性的打击。马克·库班喜欢说："你可以尝试并且可能失败上百次，但是你只需要做对一次。"很难夸大其词地说，高价值创造者面对风险的行为、态度与大公司的标准想法之间有多不同。公司也会讨论管理风险，但用词可能有待商榷。高价值创造者管理风险，执行者和他们就职的公司避免风险。在这个背景下，人们普遍认为失败正是因为风险规避不合理造成的，接下来管理者会采取哪些措施就再清楚不过了。

风险规避观点在公司某些约定俗成的方面发挥着作用，尤其在追求新机遇时。标准公司实践就是将挑战指派给高潜能的员工，看他如何做，这是将员工升迁到下一级别前考核员工技能的方式。但是，如果未谨慎控制过程，这种方式就会使得高潜能人员只看渐进式的赢利：让新业务保持向上的运营；让垂危部门恢复赢利能力；管理变革过程。

渐进式赢利很好，也有必要，有时候还能帮助公司清除障碍，看到富有同理心的想象力带来的机遇，但是，太多公司也就仅仅停留在渐进式增长上了，没有什么轰动性的想法或追求来推动公司做出努力。因此，尽管渐进式增长依旧是增长，但是采取这种做法的员工也无法再取得更进一步的增长了。他们不会以开放心态追求更大的目标，即使会，也没理由或动力去寻找那些可能性。他知道如果证明了自己的能力，他将得到下一份工作；他也清楚自己提出来的任何富有想象力的想法都不会由他主导。他要么在公司认识到他的潜力前跳槽到下一份工作，要么就是公司指派资历比他高的人来做。他不会为了追求高风险的渐进增长，而冒险失去低风险的渐进增长，因此他选择待在安全的道路上。

那么他失败了会发生什么呢？如果新产品惨败，新开发花费太多无法盈利，或者亏损的企业情况没有回转，那么主事者就会受到责备，要么被解雇，要么被降职。对一个人的职业前途来说，这种事件最好的情况是没有影响，最坏的情况则是产生毁灭性的影响。惩罚失败会阻碍主事者冒能取得成功的相对风险，破坏企业利用主事者复原力的机会，无法为将来启动新项目时利用往日的经验教训。公司把经历过失败的员工推出公司，因此无法得到他们从失败经历中获得的任何教训。

我们研究的高价值创造者则采取不同的做法。他们对风险持相对观、拥有复原力，并能从失败中得到经验教训，这一切会让他们追求机遇、检验新想法，通过不断地学习迈向追求新价值的道路。新价值取决于以下两方面：

◆ 看待风险时是否愿意并能够采取不同眼光
◆ 付出却没有成果时再次尝试的复原力

在本书引言部分，我们解释了公司希望把本书每章的内容应用到越来越少的员工身上，从而寻找新的高价值创造者。采取风险相对观是一小部分人才能有的特权，这种特权只应该给明确的高价值创造者。不管纯粹的执行者在专业领域技能多么娴熟，他们都用不到相对观点来界定真正的风险，也不会为了潜在的高额报酬大胆下注。高价值创造者能够将不同的资源融合起来创造新价值，但是执行者没有这种能力。

鉴于此，我们建议采取以下步骤来逆转公司里的风险方程。

允许冒险

要找出公司内潜在的高价值创造者时，你需要让他们承担更多职责，观察他们在工作生活中承担过多大的风险。他们会开发新品或新服务吗？他们会搬到新地方去扩大或发展市场，甚至是搬到新地方学习或探索新事物吗？询问他们关于这方面的想法，听听他们如何描述这些经历。他们是认为这些尝试是充满风险的，还是认为在当时的环境下，这是符合逻辑的正确方法？他们看到潜藏在别处的真正风险了吗？如果他的回答是否定的，"不，我没有感觉到风险"，并且给出明确的理由，那么你可能会拥有一位高价值创造者。

接下来，寻找方法挑战高价值创造者。给潜在的高价值创造者安排能发挥他们技能的项目。对于你觉得有巨大潜能的人，应该给他们机会去尝试一些你不确定他们是否能胜任的角色。这么做不是为了让他失败，相反，你是在挑战他们，让他们成功。当你安排给他们一些不得不接触的事情，他们的风险承受能力就会提高，你实际上给了他们一个证明自己的机会。理论上，你挑战的高价值创造者要么工作业绩突出，要么具备很强的能力。对他们来讲，错失的机会应该像规避的风险一样重要。

决定给哪些人什么角色或机会时，确保评估选项的管理者或领导者心中也有相应的风险平衡。如果对风险持绝对观点的执行者处于领导地位，并且参与评估选择，他们可能不愿意给予对风险持相对观点的高价值创造者发展机会。

考虑完如何鼓励个人扩展风险视角后，就要考虑机构中的小团体或职能部门的风险文化，同时要保障公司文化支持相对观点。创建新机遇对话，在恰当的时间权衡新机遇的正反两方面。一定要小心维持平衡，不要让谈话中尽是反方观点和对风险的担心。考虑风险的时候一定要记住：关于高价值创造者面临的真正风险，我们研究中的亿万价值创造者能够问出更深层次的一系列问题。他们会问，风险是真的吗？有可能发生吗？风险的本质是什么？如果发生错误了，是整个企业都会陷入险境，还是仅仅提案会陷入险境？对比公司可能失去的与可能收获的，之间的比例是多少？如果能取得某种资产，概率会改变吗？

询问自己的风险意识

作为对风险采取平衡视角的一部分，花点儿时间从个人视角和团队视角询问你的自动假设。为什么想到那种方式？追求新的产品、风险项目或计划时，花时间考虑清楚你本能地想走哪条路，然后停下来问问自己为什么。你为什么想选那种方式？是因为那条路有最大的潜力进行创意执行，是因为那条路内部舆论最一致，是因为那条路风险最小，还是因为考虑到你的技能、能力和资源，那条路是最明显的选择？

那些问题的答案将会让你明白自己关于风险的态度和应对风险的方法。如果你的行动计划在机构内部得到广泛认同，那么你有充分的理由去怀疑你追求的机遇只有递增价值，因为真正富有同理心的想法会遭受抵制。如果你的方法是基于市场中广泛存在的资源或技能，那么你要相信其他人也能走你这条路。

人类喜欢从叙事视角思考，这也是为什么情景规划是战略家强有力的工具。然而，这种趋势的消极后果是我们倾向于滑入思维中相同的思考渠道。"然后"的后面常常跟着一个"如果"。通过询问为什么，你能够找到一个新渠道，紧接着就会想到"如果……将会怎样"：如果尝试其他事情会如何？如果不可能的事情实际上发生了会怎样？"如果……将会怎样"是高价值创造者的道路，斯蒂芬·罗斯成立自己的公司时问过这个问题，布恩·皮肯斯询问天然气投资时机时问过这个问题，皮克斯动画的艺术家要更多的钱制作动画片时乔布斯也问过这个问题。

转换视角也有助于从不同角度发现不是很明显的风险来源。风险是变化多端的。再次思考张茵和她早期的创业经历是个不错的头脑练习，我们能看到风险甚至能够难住十分精明的商业头脑。对张茵来说，安全举措可能就是待在香港，为争取香港市场的主导权而努力。用这种方式她有可能发达，毕竟她是一名价值创造者，能够在其他人只看到恶性循环的地方看到发展潜力。但是，事后看，这条路反而可能更加艰难。当时纸浆供应下降，她出价高于竞争对手，苦苦挣扎，而且她看到内地市场开始有其他选择，能获取的利润已经开始缩水。从那点上说，很多公司将低风险、低回报的方式作为渐进式增长的关键，这种方式反而会让企业走向自杀的不归路——渐进增长反而会引起渐进损失。

我们无意低估改变风险认知的困难程度。人们的思维习惯会促使自己对风险采取绝对观点，这种思维习惯真的很难打破。如果你整个职业生涯都以一种观点看待风险，那么光是嘴上说说让你改变风险认知是不够的。

这也是为什么领导者在培养采取风险相对观的人时应该要有所选择，真的是只有高价值创造者知道如何利用风险相对观。尽管执行者技能娴熟，但是他们更容易从实践中产生类似自负的自我认知。他们太习惯于在自己的专业领域表现突出，对那些需要多重因素、多种技能的目标，则会大大低估实现目标需要的时间或者资金。在某些领域，这种倾向太普遍了，有些公司不得不发展补偿制度来纠正过多的这种倾向。比如，英国政府投入了大量资源来了解和克服"特大工程绩效悖论"（Mega-Project Performance Paradox），已经作废了的豪华客机"协和式"超音速飞机和最终获得成功的悉尼歌剧院，它们都是很受欢迎的政府和企业合作的项目，但同时又会超出预算，而且往往超出比例高达 150 倍。

招聘与众不同的人

除了挑战已经拥有的人才以及质疑团队和公司内采取的自动思考模式，你还应该靠能激发出你不同观点的高价值创造者来推动公司发展。确保你招聘和提拔的人有以下能力：富有同理心的想象力、耐心的行动力、创意执行力和对风险持相对观。显然，这么做将会给公司带来一些高潜力的人才，而且这些人才和过去公司青睐的典型人才不同。公司招聘时常常谈到"组织文化的适应性"，我们也赞同文化对公司和谐很重要，但是文化也可能成为招聘思维方式相似的人的标准。回想一下，在突破性价值世界里，共识与其说是潜力信号，倒不如说是警告信号。如果公司里人人都赞同的话，你就找不到人来突破可能取得成就的界限。高价值创造者鼓励重要的富有成果的冲突和不同的思考模式，以及渴望实现好想法产生的急躁感。

所以利用这一优势，询问高价值创造者，如果让他们拿出自己时间的 20% 来追求突破性价值，他们会做什么？如果高价值创造者刚刚完成一项自主性任务，眼下没什么打算，问问他接下来愿意给公司做什么？他可能会建议让他扮演某个不存在的角色，或者请求开创超出企业能力范围的风险项目。听听那些建议，从中精选出一些，它们可能是下一个突破的方向。

对失败抱学习态度

在团队和公司内部营造环境，培养高价值创造者，需要长期努力。你如何面对失败？如何讲述原本是大机遇但最终变糟糕的事情？你是赞美那份尝试，还是用警告的口吻告诫员工？鼓励人们拥抱失败，某种程度上已经成为生活中的老生常谈。甚至还有一系列意在重视尝试的陈词滥调，比如"一分耕耘一分收获""不去尝试就一定会失败"，等等。当下很流行讨论庆祝失败，但是任何规模的公司都很少有能做到的，大公司几乎更没有庆祝失败的。我们知道的就只有世界银行公开举办过庆祝失败的活动。2011 年，世界银行举办了首届 FAILFaire 会议，意在公开讨论开发界的重大失败，让多边组织、非营利性组织、社会企业和其他参与全球发展的机构学习分享经验教训。

企业自身在庆祝失败固有的教训方面可以做得更多。请注意，我们说的是"庆祝"教训，而不是失败本身，你不会想让失败成为目标。然而，你是在试着重新组织有用的失败，把失败作为从大处着想和冒正确风险的结果。在项目何时出错、为什么出错方面要有微妙的看法。庆祝那些因正确原因冒正确风险的失败，试着学习执行过程中应用的方法，想想如何能将局势扭转过来。

05

领导力 × 合作力，找到你的最佳 CP

宇宙就是新奇与习惯之间的一场拉锯战，获胜的往往是新奇。

泰伦斯·麦肯纳
学者

THE SELF-MADE BILLIONAIRE EFFECT

约翰·保罗·德乔里亚知道如何将好想法变成不错的生意。这位亿万富翁是 JPMS 的共同创始人，后来又另外创建了培恩烈酒。20 世纪 70 年代，他是丽得康的明星推销员，后来前往 Fermodyl 和美发研究院做商务开发。但他最终还是被这三家公司解雇了。在美发研究院时，据说他被解雇是因为在创意执行方面做得很成功，让公司的业绩大幅增长，获得的分红竟然比老板都要高。

1980 年，德乔里亚辞了职，用投资人承诺的 50 万美元创立了 JPMS。可是，那笔钱从未到账，导致他失业后无家可归，只能跟儿子在洛杉矶大街上住在自己的车里。

保罗·米切尔的情况也好不到哪儿去。米切尔和德乔里亚第一次见面时，还是伦敦的一名高级美发师，甚至曾获得过沙宣准继承人的荣誉。但是斗转星移，他们都陷入了困境，需要突破。他们决定一起创办一家公司，销售新颖的护发产品。在那个年代，所有高端品牌都是打泡沫、冲洗，重复打泡沫、冲洗，然后使用具有定型剂功能的免洗护发素。JPMS 生产了高质量、沙龙级别的产品，最多只需要原来产品剂量的一半就能达到相同的或者更好的效果，帮助美发师节省了时间和金钱。

他俩开始的时候没钱，当然也没风险，因为他们没有什么可损失的，从相对观点来看，这么做只有好处。创业早期，他们找到一名投资人，但投资人临阵退缩，使得他们只有 700 美元的启动资金。尽管一开始资金很少，但是他俩还是合作无间。

德乔里亚的家位于得克萨斯奥斯汀，在他家里跟他交谈时，他告诉我们："保罗不懂生意，我不懂头发。保罗是名优秀的美发师，但是一点儿都不懂生意。我是个商人，在专业美发行业做过销售、市场营销和产品开发。"

按照这样的角色分工，米切尔做执行工作，在沙龙里进行产品展示，给潜在客户演示产品如何使用，告诉客户如何只需要使用很少一点产品就能达到良好的效果。德乔里亚则在创意执行方面展现他的技能，设计经营模式，产品只以高价在沙龙里销售，同时积极指导沙龙老板如何将产品销售给终端客户。

米切尔的知名度和执行者的技能帮他们赢得了早期客户，但要长期生存就要考验德乔里亚的价值创造者能力。尽管有诸多限制，德乔里亚还是需要设计有效的交易，他在童年时期就已经略懂这项技能，在青少年时期经历很多起伏后了解到更多，他启动资金中一半的钱还是向他母亲借的。由于没有奢侈的金钱或者时间，德乔里亚和供应商说好，给他们开收据而不是预先付款。这种交易模式能给他争取到两周的缓冲时间，这样一来，供应商送来产品的时候他们就有现金支付了。供应商同意让德乔里亚延迟支付货款，再次证明了他的交易策略。

谈起那个时候，德乔里亚说："我们知道，如果我们能在收到收据当天就支付货款，而不是要晚两三天才能支付，那时生意就不会有太大问题了。"他们的生存需要执行者特有的技能和价值创造者的商业头脑，这两者发挥着互补作用。

完美的团队，互补的技能

本书主要描述白手起家的亿万富翁凭借哪些特质取得了成功，最后一章却用来讨论伙伴关系，这似乎有点儿奇怪。不过我们这样安排是有原因的。人们谈起或想起巨大成功时，普遍觉得成功人士都是单打独斗的天才，这种观点反而掩盖了好想法成为好生意的真实故事。

事实上，亿万富翁绝对不是单打独斗的。高价值创造者有富有同理心的想象力，能够看到新想法在市场上的潜力，他们能够设计实现产品最大市场潜力的方案并且进行创意执行。执行者则与高价值创造者相反，他们在某个关键领域有很强的能力，但通常不知道将好想法转化为好生意需要结合哪些方面。创造亿万价值需要结合高价值创造者和执行者的能力：高价值创造者需要将有分歧的想法和资源融合成轰动性概念并设计新颖的业务，执行者要有必需的主要技能和注意力以追踪业务运转需要的细节。高价值创造者－执行者组合就是一对互补的思考家－行动派，从富有同理心的想象力角度通过创意执行力将概念和行动融合起来。确实有些高价值创造者一开始被当成了执行者，因为雇用他们的公司强迫他们当执行者，真正的高价值创造者不能胜任执行者的工作，执行者被当成高价值创造者时也不能胜任高价值创造者的工作。高价值创造者和执行者需要彼此合作做好准备，才能创造巨大价值。

T HE SELF-MADE BILLIONAIRE EFFECT
高价值创造者的思维习惯

高价值创造者最重要的二元性实际上并不是独立的，而是建立在技能互补、彼此信任之上的伙伴关系。在这种合作关系中，高价值创造者最好的技能将被强化。他不仅可以把所有知识投注在擅长的领域，同时也有把握其他必要的工作也在控制中。

我们一再强调，从一堆杂乱信息中看到机遇，这种能力是开展想象力最基本的能力。但是在公司内部，常常没有把高价值创造者当作富有创造力的人，在传统公司环境中情况更糟，高价值创造者要么被贴上思考家的标签，要么被贴上实干派的标签。35 年前，德乔里亚可能看起来更像销售"实干派"，却在碰到米切尔创造美发技艺的才能后，成为思考家。但是，如果没有德乔里亚的销售技能、创造性的营销能力和致力于沙龙渠道的奉献精神，米切尔的美发水平不足以让 JPMS 达到现在这种程度的成功。没有德乔里亚，米切尔也不能够让公司突破 500 万美元大关（这是俩人一开始设立的成功标准）。他们两人组成了完美的团队，每个人都需要彼此。

"我们的目标是一年赚 500 万美元，我们每人拿几十万，这样就衣食无忧了，"德乔里亚跟我们说，"但是直到生意开始增长，我们才突然意识到自己有了 100 万美元、300 万美元、500 万美元，哇！我们真的能够将生意发展壮大。老伙计保罗去世前，他说，'你知道吗，约翰，没有什么比有一天我们能够做上亿的生意让我觉得欣慰的了，即使那时候我已经不在世了。'那年我们生意已经做到了 6 000 万美元，数目已经很大。我说，'保罗，这会实现的，我们肯定能超过那个目标。'很明显我们做到了。"

这些关系持续下去是自觉选择的结果，这点很重要。高价值创造者意识到，如果想要实现自己的目标，他们需要互补的技能。

在描述依靠哪些人管理生意时，德乔里亚特别提及了这点。"你必须选择正确的人，然后放手让他们干。在 JPMS，总裁卢克·雅格贝利斯（Luke Jacobellis）比我擅长处理细节、执行细节。财务副总裁也比我强，我在细节和管理方面真的很差劲。我了解财务，但并不是专业的会计人员，我需要其他人来留心财务。在培恩，我们有位副总裁，他本该成为一名总裁。2003 年，培恩共同创始人马丁·克罗利（Martin Crowley）去世，我建议那位副总裁担任总裁，他比公司现任的任何管理者都懂得如何经营。他本该成为公司总裁，那时候培恩每年都在增长，但是我们真正开始起飞是埃德·布朗（Ed Brown）当上了总裁，他当总裁比我任何时候都做得好。"

"选择正确的人"是维持这些关系的重点。德乔里亚似乎有诀窍。采访时，他说经常有人问他 JPMS 或者培恩有没有空缺。他的答复是："呃，没有。实际上，JPMS 最了不起的地方，是这 35 年来只有约 50 个人离职。没有人想要离开。我们的公司氛围人人都能参与进去。如果哪件事情不对，你可以跟某个人说。如果不管用，你可以跟我说。"

斯潘诺斯家的孩子用了几乎同样的话来描述他父亲过去 30 年在

AG Spanos 公司培养出来的低离职率工作氛围。亚历克斯·斯潘诺斯的儿子迈克尔·斯潘诺斯（Michael Spanos）说："毫无疑问，忠诚是最重要的。"迪恩·斯潘诺斯回应了这一点，他说："忠诚对父亲来说是最重要的事情。他需要毫无保留地相信员工，员工也能相信他。我们公司里至今仍然有工作 30 年甚至更久的员工，这样的员工数量不是四五个，而是几十个。信赖很重要，他需要你的忠诚，他也会给你他的忠诚。"

亚历克斯·斯潘诺斯的女儿迪亚·伯布里安·斯潘诺斯（Dea Berberian Spanos）讲了一则有关父亲的小故事来阐明这一点。"最近有位秘书退休了，她在这儿干了 17 年。几年前她遇到经济困难，孙子生病了，她需要一份薪水更高的职位，所以打算辞职。一位部门经理找到我父亲，跟他说了这件事。父亲说，'为什么没人告诉我呢？'然后他走到那名秘书的办公室跟她说，不管什么情况，他都会处理，然后那位秘书留下了。公司里那种事情发生过很多次，他是员工的后盾，他也很开心自己能够做他们的后盾。"

合作伙伴关系

我们的调查对象中超过一半的亿万富翁创业时都以高价值创造者 – 执行者团队开始。除去金融行业的亿万富翁，数据升至 60%。一些有名的例子包括：

◆ 苹果公司的史蒂夫·乔布斯（高价值创造者）和工程师史蒂夫·沃兹尼亚克（执行者）；

◆ 耐克的比尔·鲍尔曼（Bill Bowerman, 高价值创造者）和菲尔·奈特（Phil Knight, 执行者）；

◆ Zara 的创建者阿曼西奥·奥尔特加（Amancio Ortega，高价值创造者）和他第一任妻子罗撒丽亚·麦拉（Rosalia Mera，执行者）

我们发现，跟我们通常认为的人们在职业生活中感觉富有成效和成功的观念不同，高价值创造者 – 执行者组合在亿万富翁群体中很普遍。然而，深入研究相关数据并探讨其动态发展后，我们发现，领导者伙伴关系的普遍性开始具有直观意义。的确，这个概念让所有接受采访的对象都产生了共鸣。

先不论亿万富翁群体，通常高价值创造者 – 执行者技能组合在一般个体身上发挥作用时，个体分布类似钟形曲线（见图 5–1）。很少有纯粹的高价值创造者和执行者，但是我们大多数人倾向于执行者一端，一部分原因是我们天生倾向于做执行者，另一部分原因是我们所处的环境认可、奖励执行。学术领域的执行者会得到所有奖金和奖赏，企业中的执行者会得到升职加薪。这就造成了执行循环，在这个循环中，公司里的执行者会慢慢升到领导者地位，然后他们提拔其他执行者，很大程度上因为他们能够识别出执行并且奖励这些执行。如果任其发展，这种循环就会让执行者主导企业组织：各个部门执行自己的任务时做得非常好，但是它们不能跳出自己的职责分工，无法从整体上考虑问题。

打破执行循环需要高价值创造者，只有高价值创造者能够坚持多重观念，比如富有想象力和同理心、行动力和耐心、执行和创意，同时又保持平衡。高价值创造者的方法和执行者的专业执行结合起来，才能产生成功所必需的元素。

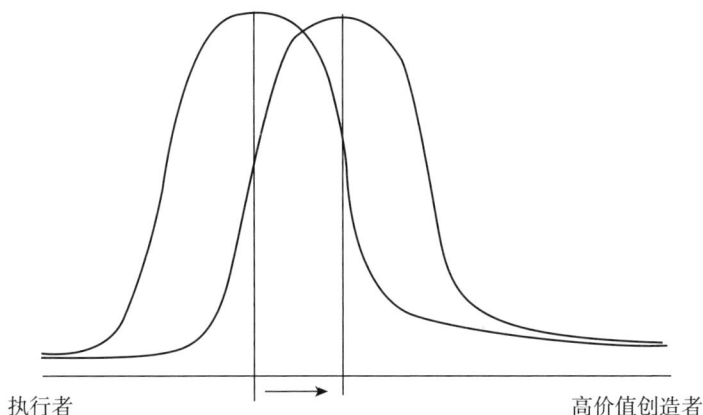

执行者 → 高价值创造者

图 5–1　执行者和高价值创造者的标准分布

　　高价值创造者和执行者的结合似乎促成了创造价值所必需的化学反应。我们在前文提到过公司变得太专业化和组件化后遇到的风险。在自己职责范围内运营的执行者依靠功能分解，把大问题分解成小问题，然后把小问题分配给每个人，让他们独立负责一小块。只要市场保持稳定、问题定义清晰明确，这种方式都能发挥作用。但是在竞争高度激烈的市场创造新价值需要新方式，需要包括整合、连结和强化创新的举措，才能维持企业的竞争优势。JPMS、Broadcast.com、嘉年华游轮公司和其他很多价值亿万的企业都通过多种重要差异来创新市场，差异能够帮它们获得独特的持续价值。高价值创造者能带来综合视角，而拥有专业技能的执行者能够快速、很好地执行那种视角。沃兹尼克的技术使得苹果公司能够将乔布斯对个人电脑的构想变成现实；保罗·米切尔的美发师经历使得他特别清楚产品是否有效以及产品的优势是什么。

　　当然，寻找并鼓励高价值创造者 – 执行者型领导者伙伴关系需要

154

心甘情愿，这就需要在现有企业内部做点儿工作。虽然大多数公司趋向于要么靠个人（设计大师或者主要销售代表），要么靠团队（那些在一个项目上工作的 5~30 个人），但考虑到人类社会大多是以搭档的方式运作，所以把注意力从单一转移到互补的搭档模式应该是很本能的举动。一起工作的两个人，彼此互补，要比其他模式好得多。研究企业动态的商业学者通过大量 20 世纪 90 年代的实证研究，发现由"团队"（通常两三个创建人）创建的公司比那些独资企业主创建的公司要更成功。我们研究的亿万富翁群体中，高价值创造者和执行者建立起长期的合作伙伴关系，双方才能发挥最大优势、实现巨大价值。

以琳达和斯图尔特·雷斯尼克夫妇为例。他们创立了 Roll International 公司，旗下有 POM Wonderful、斐济水、Teleflora 等品牌。琳达是高价值创造者，涉及富有同理心的想象力和创意执行时，她提出的看法能够点石成金。她的特长是发现具有巨大市场潜力的产品，然后制订完美的营销计划和战略，抓住公众想象力。

雷斯尼克夫妇收购开心果果园时偶然获得了 100 公顷石榴树，之前市场上还没有批量生产的石榴汁。琳达凭借同理心，与产品开发小组一起寻找办法，将果酱变成果汁并推销给大众，尽管他们对石榴的了解可能仅限于六年级语文课上学到的希腊神话中的冥后珀尔塞福涅。如今，这种令人联想到冥后的水果已被视为"长生不老药"，这可是一个不小的壮举，证明了琳达能够看到市场机遇并将想法推上市场的能力，拥有这些能力才能将想法变为顾客离不开的市场需求。当然，斯图尔特全心全意地负责资产负债表，这同样重要。"他负责确保公司盈利。"琳达这么评价丈夫。斯图尔特负责财务和运营。琳达操心 POM 产品的包装，确保它们跟货架上挨着的其他容量较大的瓶子有所区别，斯图尔特则确保 POM 瓶子摆在应该出现的位置，并且能盈利。

Little Caesar 比萨店的创始人也是一对高价值创造者 – 执行者夫妇，不过他们的角色分工与琳达和斯图尔特的角色分工相反。公司如日中天的时候，高价值创造者麦克·伊里奇（Mike Ilitch）整天培养自己富有同理心的想象力。每天，他要么在实验厨房里花上数小时烹制新口味，要么花费数小时在市场营销部的会议室里构想有趣的新广告。实践公司标榜的"十美元让一家四口吃饱"的口号。玛丽安·伊里奇（Marian Ilitch）是位自学成才的会计，自己开发了一套简单的记账系统，管理公司财务，即使 Little Caesar 成为拥有 2 亿美元资产的公司时仍旧使用这套系统。

我们看到这样的组合在亿万富翁群体中到处都是。开创 Spanx 公司两年后，创始人兼高价值创造者萨拉·布莱克利将公司运营交给执行者 CEO 劳丽·安·戈德曼（Laurie Ann Goldman），劳丽现在已经管理公司 12 年了。彭博财经的高价值创造者迈克尔·布隆伯格与支持他的技术执行者施刚达一起开创了金融数据巨头公司。科技领域里的这些组合比大多数领域多，举几个例子，Facebook 的高价值创造者马克·扎克伯格（Mark Zuckerberg）与执行者雪莉·桑德伯格（Sheryl Sandberg），Ebay 的高价值创造者皮埃尔·奥米迪亚（Pierre Omidyar）与执行者梅格·惠特曼（Meg Whitman），微软的高价值创造者比尔·盖茨与执行者保罗·阿伦（Paul Allen）。

有时候高价值创造者 – 执行者组合似乎注定要在一起工作。高价值创造者马克·库班是 Broadcast.com 的联合创始人，同时是达拉斯小牛队的当前所有人，在描述他的首个亿万财富企业 MicroSolutions 的合作伙伴马丁·伍德尔时，库班这么写道："为了解决先前犯下的错误，我会不计代价投入时间与精力，马丁却关注细节，保证所有事情必须完美无缺，永远不会出现任何问题。我们经常会把彼此逼疯。他能列出海量的证据证明我多粗心大意，我也能给他列出同样多的证据证明因为他太较真儿而错失了大机遇。但是我们俩彼此完美地互补。我们知道彼此必须做搭档，要一起工作而不是分开工作，意识到这点只是时间问题。"

在阐明和搭档之间的差异时，库班强调了关键二元性中的一个要素，即他的风险观。对他而言，相比交付完美的方案，将方案快速投放到消费者手中优势要大得多。花时间让事情变得完美会带来风险，会错失下一个机遇，这更让人无法接受。库班选择快速了解，20 世纪 80 年代的计算机产业时代变幻莫测，几乎任何事情在变完美之前都变得过时了。

我们采访库班时，他阐明了自己的观点："这么说吧，有这样一种人，如果你让他们做 A、B 和 C，他们就只做 A、B 和 C，他们甚至不知道有 D、E 和 F。但是，还有一种人，如果你跟他们说做 A、B 和 C，他们会跟你说还有 D、E 和 F，并且会先采取行动。同时，还有像我一样的人，对前 6 个字母感到厌恶了，直接选择 G、H 和 I。那就是我常常看待事情的方式。因此，我常常试着寻找能和我的技能组合互补的人。我常常尝试下一个是什么，考虑事情会如何进展。我需要能够把握平衡的人。他们像马丁一样专注，像托德·瓦格纳（Todd Wagner，库班经营 Broadcast.com 时的搭档）一样专注。他们聪明，但是跟我完全不同，只要信任他们，我不用担心 A、B 和 C 是否完成了。他们给我信任，让我持续挑战极限，因此今天的 A、B 和 C 和昨天的 A、B 和

C 不一样，跟明天的 A、B 和 C 也不同。我不用处理细节，因为我害怕处理细节，到今天依旧害怕。"

尽管这些合作伙伴关系很有必要，但是高价值创造者－执行者组合会随着不同机遇所需要的技能发生变化。库班证明 MicroSolutionas 需要的互补伙伴是马丁·伍德尔，但是 Broadcast. com 需要的最佳搭档是托德·瓦格纳。比尔·盖茨一开始与保罗·阿伦是高价值创造者－执行者关系，但是他跟史蒂夫·鲍尔默（Steve Ballmer）也发展了长期的高价值创造者－执行者伙伴关系，微软也是在这段时间创造了最大价值。乔布斯和沃兹尼克造就了标志性的电脑公司，乔布斯和苹果公司首席设计师乔纳森·伊夫（Jony Ive）合作创造了外形优美、富有感染力的 iMac、iPod、iPhone 和 iPad。约翰·保罗·德乔里亚和保罗·米切尔一起创办了 JPMS，但是几年后德乔里亚和朋友马丁·克劳利（Martin Crowley）创办了另外一个企业。克劳利是一名很有才华的建筑师，想要做建筑设计生意，但是破产了。德乔里亚把他带往另一个方向，介绍他做建筑买家，从墨西哥引进高档的装潢材料。有天晚上吃晚饭时，德乔里亚让克劳利从墨西哥的哈利斯科带一些高级龙舌兰酒给他，"就是贵族喝的那种龙舌兰。"德乔里亚回忆起那段插曲时说。德乔里亚告诉我们，克劳利带回来的龙舌兰"比美国任何一瓶龙舌兰酒都要醇和"。德乔里亚和克劳利开始一起开发新生意，他们把龙舌兰调得更醇和，推出了高端龙舌兰品牌培恩。今天，培恩这个品牌正主导着美国龙舌兰酒的销售市场。

高价值创造与执行的平衡

高价值创造者和执行者之间的活动平衡是什么？这通常根据企业和机遇而定。我们通过调查研究发现，高价值创造者发现市场中的巨大需求后，会创造一套包含所有必要执行细节的业务设计，有时也包括产品设计，来满足这项市场需求。执行者则运用他在运营、销售或其他专业领域的高超技能来实现业务设计的目标。

比如，约翰·保罗·德乔里亚看到了正确的业务设计，对保罗·米切尔的一次洗净洗发产品来说很有必要，能吸引美发师和他们的服务对象的注意。通过只在沙龙里销售，德乔里亚开创了美发师和沙龙老板都需要 JPMS 产品的时代，这些美发师和沙龙老板也成为推销这个品牌的强大力量。光有产品而没有德乔里亚的分销设计和执行能力，就不能成就 JPMS。

同样，为填补烈酒市场的空白，德乔里亚专门设计出培恩。培恩面世之前，除了墨西哥，哪里都喝不到高端龙舌兰。为了凸显培恩的品质，德乔里亚将每瓶定价约 40 美元，并让名厨沃尔夫冈·帕克（Wolfgang Puck）代言。在帕克的支持帮助下，培恩顺利打入了洛杉矶的时尚酒吧和餐厅。同样，光有产品而没有生意设计细节和创意执行，也无法成就培恩。

当问德乔里亚如何看待高价值创造者和执行者间的工作关系时，他用自己设立的"阿巴拉契亚种植"（Grow Appalachia）基金会来解释这两者间的关系。阿巴拉契亚种植基金会是由"和平、爱与幸福基金会"（Peace，Love&Happiness Foundation）资助的一项慈善捐赠项目（德乔里亚也参与了"捐赠誓言"活动，这是一项世界上最富有的人承诺有生之年捐出自己大部分财富的誓言活动）。项目开始时间可追溯到 2009 年，那时候德乔里亚决定从各种慈善项目中挑一项参与。

"在美国，我们做了各种各样的事情，拯救白鲸、节约用水、帮助无家可归的人找工作。"他跟我们说，"我询问周围的人，是否还有其他我们能做的帮助他人的项目。公司一名来自阿巴拉契亚山谷的员工跟我说，阿巴拉契亚被忽视了。因此，我们做了一份调查，发现阿巴拉契亚有 15 万户人口还在接受食品救济。因此，我想要做那个项目。我的目标是 7 年内帮助至少 5 万户人口自给自足，不再靠食品救济生活。"

德乔里亚是商人，不是粮食短缺方面的专家，因此他需要寻找一个领导者合作伙伴来管理项目。他最终决定跟位于肯塔基州的伯利亚学院（Berea College）合作。德乔里亚出资，来自伯利亚学院的执行者大卫·库克（David Cooke）负责管理基金，他是土生土长的西弗吉尼亚州人。

德乔里亚说："第一步我提供种子、肥料、设备，同时花钱请农业推广教育者和志愿者实际到阿巴拉契亚，教当地居民种植。第一步的目标是让当地居民养得起自己、家庭以及身边贫困的人，有粮食度过冬天，所以需要全年都储备粮食。第二步是让他们种更多的蔬菜，现在他们已经知道自己能够做到，因此生活有了保障，家人的生活也有了保障。多种植出来的蔬菜还能够拿到农贸市场或本地食品杂货店销售，产生收入。第三步是他们有了收入，就把自己的经验传授给其他人。我会多买一些种子以及其他需要的东西，好让他们将自己学到的知识传给其他人。如果我能直接影响 5 万户人口，每户人家再教会另外两个家庭，那么就会有 15 万户人口实现自给自足，最终能够通过种植赚到足够的钱，这样一来，他们就不再需要接受食品救济了。"

2010 年，阿巴拉契亚种植项目正式启动，由大卫·库克管理。第一年，为 2 800 多人生产了大约 5.5 万千克粮食。第二年，尽管作物生长困难，但数字进一步增长，为 3 694 人生产了 6 万千克粮食，总共创造了 70 多种全职和兼职工作。第三年，阿巴拉契亚种植项目为 9 000 人生产了大约 15 万千克粮食。从一无所有到 15 万千克粮食是一项让人印象深刻的壮举，这正是富有同理心的想象力带来的结果，凭借有着原始蓝图的高价值创造者，以及与高价值创造者合作执行任务的执行者实现了目标。

说起价值创造和执行之间的平衡，德乔里亚说："我带来的仅仅是开始，我能够提供资金、激情和走向哪里的指示，在那些方面我可以做得很好。像大卫·库克那样的人就是有办法接收我的观点并且执行。有时候他们自己就有能力完成目标，还能从中学到不少东西；有时候你得一路提醒他们，检验成果，和他们一起做决定，然后放手让他们执行。很多时候他们完善了我的想法，'是的，那样很棒，但是这样会更好'。所以，有点儿像给他们指示，跟着他们一起前进，确保他们听从指示。"

"高价值创造者 - 高价值创造者"组合

毫无疑问，如果企业只靠执行者，而没有高价值创造者将各种技能和资源融入到爆品创意中，企业就会在执行指示的过程中走偏，很难创造巨额的突破性价值。亿万富翁群体中最常见的组合就是多位高价值创造者和一位执行者（有时候不止一个），执行者发挥着基础作用。然而，高价值创造者之间也存在很多领导伙伴关系。谷歌创始人谢尔盖·布林（Sergey Brin）和拉里·佩奇（Larry Page）就是以高价值创造者 - 高价值创造者组合开始的例子，他们最终找到了互补的执行者 CEO 埃里克·施密特（Eric Schmidt）。德国零售店阿尔迪（Aldi）的创始人西奥·阿尔布雷特（Theo Albrecht）和卡尔·阿尔布雷特（Karl

Albrecht）兄弟俩，就是以高价值创造者 – 高价值创造者组合开始的，后来他们为了生意将公司分成阿尔迪北方公司（Aldi North）和阿尔迪南方公司（Aldi South），兄弟俩各自负责一个公司。Groupon 创始人埃里克·莱夫科夫斯基和他的合作伙伴布拉德·基威尔都有高价值创造者特质。**价值创造是必要元素，没有价值创造，企业就会缺乏将好想法变为大生意的必要整体观。某些情况下，两个高价值创造者一起合作是正确的搭配。**

西蒙房地产集团（Simon Property Group）联合创始人赫伯特·西蒙和梅尔文·西蒙兄弟俩证明了两个高价值创造者是如何发展创造巨大价值的。这对亿万富翁合作伙伴合作经营过位于明尼苏达州布卢明顿的美国购物中心（Mall of America）和位于拉斯维加斯的 Forum Shops 这两块创造性的零售地产。美国购物中心依旧是美国最大的室内购物商场，也是第一个将购物中心和现场游乐园融合起来以吸引更多顾客的商场。Forum Shops 跟凯撒宫（Caesar's Palace）结合起来，是早期几个将高端购物中心与赌场融合起来的商场。

当我们在赫伯特·西蒙位于印第安纳波利斯的办公室里跟他见面时，他跟我们说，他们兄弟从布朗克斯到拉斯维加斯走了很长一段路。他们在布朗克斯长大，是犹太移民家庭，梅尔文是家里的长子（梅尔文·西蒙于 2009 年去世），赫伯特是家里最小的孩子。梅尔文达到法定年龄后参军，服役期结束后留在了印第安纳波利斯，在当地一家租房中介工作。兄弟俩一别八年，赫伯特大学毕业结婚后，梅尔文说服弟弟和自己在同一家租房中介公司工作。几年后，兄弟俩离开那家公司，成立了自己的零售地产开发公司。

在他们家，作为老大意味着需要对手足负责（家里还有一个兄弟弗雷德·西蒙 [Fred Simon]，几年后也加入公司，领导租赁部门，在退休前做了很多年）。也许是因为梅尔文年长、个人魅力非凡，也或许是因为在弟弟加入前他已经在房地产领域干了些年头，他一开始担任的是高价值创造者的角色。据赫伯特说，是梅尔文建议他们勇敢开发首个属于自己的房地产，是梅尔文那富有魅力的性格帮助大家聚在一起，是梅尔文的商业头脑帮助公司设计了早期的交易，给了公司发展的动力。

他们早期开发的项目是零售地产。那时候跟现在一样，零售有周期性。西蒙兄弟需要想办法减少零售周期带来的波动性，因此梅尔文想到可以把零售地产主要租给有稳定商业模式的长期租客（现在主要租户这个概念在零售业很常见）。最明显的选择就是百货商店，比如梅西百货公司（Macy's）、布鲁明戴尔百货商店（Bloomingdale's）。但是默默无闻的西蒙兄弟 1960 年时还没有什么影响力去吸引高水平的租客。赫伯特跟我们说："西尔斯百货（Sears）甚至都不愿意理我们。"为了让他们的首个地产成功，他们去找连锁零售店和药店来作为自己的主要租户。赫伯特说："超市、药店、本地的连锁超市，都行。"人们总会需要食品、药物和个人护理产品，有了那些零售店，即使服装、家居用品或者娱乐零售商要流动，零售房地产也能保持稳定。

"直到我们最终跟蒙哥马利沃德百货公司（Montgomery Ward）达成合作，取得了首个突破后，才能够开始那么做，"赫伯特说，"蒙哥马利沃德百货公司相对来说容易打交道，但是也花了很长时间。我们有合适的房地产，他们刚好需要。他们很容易相处，我们恰巧通过他们取得了重大突破。之后不久，我们跟杰西潘尼（JC Penney）也取得了进展，他们也成了我们的一个大客户。后来我们商场也慢慢地引来了其他百货公司。"

赫伯特将这些早期的成功归功于梅尔文。实际上，我们采访的整个过程中，他都说自己分享的故事都是梅尔文的真人真事。但是讲到公司发展轨迹和公司性质的时候，很明显，赫伯特也抓住了属于自己的机会进行价值创造。公司发展到一定规模后，西蒙兄弟就不再采取梅尔文作为高价值创造者、赫伯特作为执行者的搭档模式了。相反，他们开始更加独立地运转，把公司一分为二，梅尔文在这个公司运营，赫伯特在另一个公司运营。他们兄弟俩常常交换意见（据赫伯特说，他们也有分歧，会争吵），彼此依赖，将对方当成共鸣板，发现自己观点的不足。尽管这两位都是高价值创造者，他们依旧跟其他有不同观点想法的人紧密合作，从效率和合作中受益。

通过这种合作，他们能够应对不断变化的市场带来的挑战。正当西蒙兄弟刚在零售商场有了立足之地时，现代的封闭型购物中心概念出现了。赫伯特记得那种改变是逐渐出现的。慢慢地，他们的交易规模和范围开始变大了。赫伯特说："我真的无时无刻不在思考现代特大购物中心的概念是如何出现的，但是由于我们身处中西部，城市规模小，市场规模小，因此我们做的宏大计划比较少。但是，随着更多机遇出现，我们进入了更大的市场。这几乎是发生在眼皮底下的发展——开始是超市和药店，然后在小型社区出现了首个铺有瓷砖和摆放有室内大叶植物盆栽的购物中心。再然后，我们开始有了豪华商场，商场里有植物、漂亮的水磨石地板，商场就这么进化了。如果你待在商场这个行业的时间够长，足够努力，运气就会眷顾你。你必须变得更好，不能停留在同样的水平。因此，某种程度上这是必需的。所以，一步一步地，你逐渐增加有用的事物，持续吸引越来越多的顾客。

你处在一个人人都在分享想法的行业，你不可能是唯一一个拥有所有好想法的人。"

找到你的执行者

亿万富翁群体有很强的自我意识，他们能够看到人们身上的特殊技能，知道谁能承担什么样的角色、谁能把工作做得更好。以 Spanx 创始人萨拉·布莱克利为例，她独自经营事业多年，能够利用同理心洞察到任何地方、任何体型的女人都想要裤子无痕。快速开发升级产品时，她展示出了耐心和行动力，同时承受着制造商和零售商长期不断的拒绝。在设计产品、定位和交易时，她展现出了创意执行力。从构思想法到积极执行自己的概念，再到将产品推向市场和顾客的购物袋中，这中间没有任何分离。

布莱克利至今还是 Spanx 品牌的老板，但是已经有十多年不再管理公司了。可以说，因为她在创意执行方面做得太好，而在供应链方面能力一般，没有任何特殊的技能或知识，因此才做出改变。这一改变发生在 2003 年，那一年布莱克利将 Spanx 的样品送给白手起家的亿万富翁、美国脱口秀女王奥普拉·温弗瑞。奥普拉曾经在数百万观众面前坦承，自己经常会把裤袜的脚部剪掉搭配裤子穿。Spnax 对她而言似乎是最合适的产品，的确如此，奥普拉将 Spnax 列入那年她最喜欢的几件商品之一，引发了一波购买狂潮。然而这挑战了布莱克利的小规模生产渠道，库存不足和交货延误差点儿毁掉了奥普拉代言带给她的影响力。再也不能这样了，那一年布莱克利雇用了执行者劳丽·安·戈德曼担任 Spanx 的 CEO，她们一直合作到 2014 年年初。这段期间，布莱克利继续培养她富有同理心的想象力，专注于发现新的想法和新的推广方式，同时担任 Spanx 的代言人。

打造"高价值创造者－执行者"组合

每天，企业都面临新问题，需要创新的解决方案：需要从不同角度看待公司真正面临的风险的解决方案；需要在采取紧急行动时对不确定性结果保持耐心的解决方案；需要结合富有同理心的想象力和创意执行的解决方案；需要企业以前所未有的方式来执行的解决方案。这些都是高价值创造者能够提供的解决方案，是高价值创造者－执行者合作关系能够通过领导者伙伴关系模型执行的解决方案。

提拔高价值创造者

接受领导者伙伴关系的公司需要有身居高位的高价值创造者。这些高价值创造者要有可靠的工作业绩来证明自己能够以不同的视野看待问题，能够提出富有想象力的解决方案和途径来实现目标。对很多人来说，这可能比听上去更困难。我们在本章提到大企业倾向于认可鼓励执行，这种现象的必然结果就是公司会认为大多数问题都需要执行者提供解决方案。因此，即使企业雇用或者保留了某些会用不同观点看待风险和时机，或把想象力带入工作的人，也很少安排给他们需要运用高价值创造者思考模式和执行能力的项目。

打破执行者循环需要企业克服天生喜欢执行的偏好。执行者是重要且不可或缺的，高价值创造者不会否定这一点。相反，在高价值创造者的公司里，执行者的技能会变得更重要，他们的价值会被放大，因为高价值创造者能够看到释放价值需要结合哪些技能和资源。

尽管很少有企业有现成的流程去发现内部的高价值创造者，但如果从富有同理心的想象力、耐心的行动力、创意执行和持风险相对观等方面描述高价值创造者的特征，管理者就能够马上发现自己的直接下属中谁有高价值创造者潜力。够幸运的话，他们甚至还能说出谁非常出色。但是尽管他们知道谁有高价值创造者潜力，也常常犹豫是否让高价值创造者负责大的新项目，因为高价值创造者的行事方式跟执行者非常不同，让高价值创造者负责大的新项目让人感觉有风险。管理者也不会考虑给高价值创造者找一个搭档，让这个搭档与高价值创造者互补，在高价值创造者设计的界限范围内进行优化。

寻找高价值创造者 - 执行者组合

提拔高价值创造者，但同时也要寻找能够与他们匹配的执行者，这样一来，能够加大创造价值的可能性。我们的调查结果显示，这些两人组合，偶尔是三人组合，在创造价值方面非常高效。给他们一次机会吧！转变思维模式，不从奖励个体或团队的传统模式来评估。

高价值创造者 - 执行者组合取得突破时，就认可高价值创造者 - 执行者。一对搭档成功提出解决方案时，就鼓励他们创造价值的过程，即使是小小的鼓励。不要因单独提拔他们中的每个成员而拆散那对组合。一起工作而变得优秀突出

的高价值创造者 – 执行者组合会融合各种元素，在这个过程中他们会发现更多变化。不要拆散那对组合，让他们一起工作，让他们一起接受新的挑战。

为方案的执行清除障碍

清除障碍，让高价值创造者 – 执行者组合的想法顺利转向下一阶段继续执行。新项目上线前必须通过认可，所有公司都有这样的流程。如果高价值创造者 – 执行者组合向一群执行者提出解决方案，那么方案被取消的可能性就很高，原因与执行者提拔执行者的所有理由相同，他们很难认可高价值创造者带来的价值。高价值创造者 – 执行者组合若想得到最好的机遇，他们需要靠其他高价值创造者 – 执行者组合提拔。

变革组织文化

采取措施提拔高价值创造者，给他们配上执行者搭档，同时提拔高价值创造者 – 执行者组合,建立由高价值创造者 – 执行者组合对高价值创造者 – 执行者组合做评估的制度，这些措施需要企业在内部做出改变。领导者伙伴关系模式是一种新的运营方式，创造这种新方式所需要的过程、行动和资源会随着时间在实践中得到发展。

其中一项促成变革的做法是调查已经拥有的人才和资源，了解在运营中是否有领导者伙伴关系元素。比如，寻找那些一起工作、能给公司带来新事物的组合，考虑让他们主导一次需要价值创造技能的新项目。如果那对组合刚刚完成了一次价值创造，那么一定要让他们再接再励创造更大的价值。注意，不要将他们降级到只需要执行者技能的角色中。

你也要留心经由并购得到的人才，有时候潜在的高价值创造者会通过意想不到的方式加入公司。要想留住这些人才，需要确保给予那些高价值创造者发挥他们不同技能的机会。

想想公司的价值是什么，以及如何传递那些价值。很多公司宣传的成功故事都是执行者的事迹，这会强化一种概念：只有做执行者才能在企业中出众。最有发展潜力的员工将会听到公司里的"成功故事"，那些想要留下来的人会模仿自己看到的成功故事中的人，而其他人，尤其是高价值创造者，听到这些成功故事后，会变得无法认同自己，他们会认为公司里没有自己的容身之处，而最终选择离开。

为了防止以上情况发生，要宣传高价值创造者的故事，展示他们在行动中应用相对风险观、耐心的行动力、务实的设想和创意执行的事迹。即使你的公司刚刚开始接受领导者伙伴关系，也可以讲述高价值创造者 – 执行者组合合作的故事，给新发现的高价值创造者以及他们的互补搭档传递这样一个信号：公司里容得下他们的思考方式以及走向成功的合作路线。

结语

打造高价值组织

有些人看到已经发生的事情，然后问："为什么这样？"

我则想象从未发生过的事情，然后问："为什么不能这样？"

罗伯特·肯尼迪
美国前司法部长

本书一开始我们就问了这个问题：如果世界上白手起家的亿万富翁在职业生涯早期选择留在雇用他们的大公司里会怎么样呢？如果那些大公司以一种高价值创造者愿意留下的方式来运营又会怎么样呢？

我们不断地回到这个问题上，主要是为了识别出高价值创造者的行为模式，而下一步必然是探寻发现高价值创造者时该怎么做。你需要知道如何在公司内培养更多的高价值创造者，如何激励他们替你创造价值。

穆罕默德·易卜拉欣在英国电信公司（British Telecom）做工程师时，曾向他的上司推荐日益崛起的手机服务，想象一下，如果英国电信在 20 世纪 80 年代接受易卜拉欣的建议，它会成为什么样呢？如果英国电信能把注意力从日渐萎靡的有线电话业务上转移开，而更愿意让易卜拉欣早点儿在某个部门或子公司全力开拓移动电话业务，现在它又会发展成什么样呢？

我们坚信，像英国电信、微软、通用汽车等很多大企业，都是由执行者领导，负责招聘和奖励的也是执行者，不经意间就培养了以执行者为中心的文化。按照定义，以执行者为中心的文化会排挤那些最有能力创造突破性价值的人。要招聘、培养和留住高价值创造者，企业就需要在思考和行动方面做出改变。

让高价值创造者做他应该做的事

我们已经描述过很多在知名企业开始工作的亿万富翁们的职业轨迹。尽管 T. 布恩·皮肯斯在菲利普斯石油公司的经历跟约翰·保罗·德乔里亚在丽得康的经历明显不同，但是我们都被同一个事实震惊：两位高价值创造者起初都被雇主安排了执行者的角色，皮肯斯被要求采用行业内通用的方法去寻找钻井工地，德乔里亚被要求通过既有的渠道销售产品。德乔里亚在丽得康时采用了创意执行力，创建了一支只有几名员工的普通销售团队，销售业绩比其他有很多员工的地区要好，奇怪的是，他说正是这一举动使得他被炒鱿鱼了。

我们看了其他处于法人地位的高价值创造者的经历后，发现他们也碰到过这种情况，再环视跟我们合作的公司、自己工作的公司和通过媒体而得知的公司后，发现这种情况依旧在继续。通常来说，公司在识别自己拥有的人才差异化方面做得很差。同样，它们在识别哪些角色需要执行者技能、哪些需要高价值创造者技能方面也做得很差。换言之，它们没有考虑过自己是需要擅长在已知环境中进行管理的人员，还是需要能够以新方式、新思维创造新价值的人员。如果你对专业才能的定义是执行者驱动型，那么所有角色看起来都像执行者角色了。

我们在第 5 章强调了企业常常不能识别出什么时候会出现创造性成果，甚至也看不到高价值创造者 – 执行者组合带给价值创造的魔力。同理，企业很少看到发展过程中的价值创造，也很少提出优化机遇的策略，不去积极寻找高价值创造者领导企业。为新项目或者计划选取领导者时，很少有企业具体说明需要哪些技能。

你的公司着手开发新产品或新服务时，你是默认将工作交给在某个已知市场成功领导了现有产品线或服务的能力出众的执行者，还是会寻找能创造新机会的高价值创造者？如果一个曾经高效的部门或公司失去活力，慢慢失去影响力和价值，你是安排执行者来负责优化公司已有产品的销售，还是安排高价值创造者来负责改变所有正在销售的产品？你会选择后者吗？

以新方式将资源融合起来，需要用跟知名企业不同的思维方式和技能，此时需要高价值创造者来打头阵。这不是简单说说，相比选择执行者，我们一点儿都不会低估选择高价值创造者的难度。选择执行者是最安全的赌注：他们的思考方式能得到领导层和董事会认可，他们提出的想法有分量，比较有机会达成共识，怎么看他们都是最佳人选。并且可能最重要的是，如果知名企业发出邀请时，它们有把握执行者会接受聘用，但是对高价值创造者，它们就没那么自信了。

也许出于上述原因，执行者在大多数猎头的候选名单上占主要地位。看看近年来微软、宝洁、苹果、通用、雅虎、雅芳等公司备受瞩目的 CEO 变动，其中可有任意一家把 CEO 一职交给高价值创造者，让他们以难以预测的方式带领公司走向下一阶段？那些经验十足的老手年龄大、任期久，可能会促进一场变革，公司在未来 5 年如何考虑将他们换掉？美国运通、迪士尼、通用电气和施乐如何处理换掉肯尼斯·切诺尔特（Kenneth Chenault）、罗伯特·艾格（Bob Iger）、杰夫·伊梅尔特（Jeff Immelt）和厄休拉·伯恩斯（Ursula Burns）带来的挑战？很多公司的董事会习惯在不同的执行者之间做决定；如果能够在高价值创造者和执行者之间做选择，相信他们会做得更好。

董事会和中高层管理者都需要了解为实现公司健康发展而制定的不同任务的本质，并确保找到正确的人选来负责这些任务。不要给执行者安排高价值创造者才能完成的任务。同样重要的是，对于你拥有的高价值创造者，也就是在企业中自然浮现出来的高价值创造者，不要浪费他们的才能，让他们花时间去处理本应由优秀的执行者做的任务。

打造高价值组织的 4 种方法

显而易见，只有拥有了可用的高价值创造者，你才能赋予他们业务，让他们尽情发挥创造价值的技能。在公司内创建高价值创造者人才库需要同时从两方面不断努力。

◆ 首先，要发现和培养高价值创造者人才；
◆ 其次，改变公司文化、态度和制度，让公司文化、态度和制度变得对高价值创造者更加友好。

只有这样，你拥有的高价值创造者才会留下，你想要的高价值创造者才会替你创造价值。我们发现 4 种在现有企业内培养高价值创造者的方式：在内部发展、招聘催化剂员工、发展价值创造型伙伴关系，以及善用并购得来的人才。这 4 种方式也都有可能营造出高价值创造者友好型氛围。我们来依次分别描述这几种方式。

在内部发展

招聘、解雇和提拔人才是公司可以用来营造高价值创造者友好型氛围最重要的一种机制，但是大多数企业需要做出一些重大改变才能达到这个目标。他们需要特别留意招聘人才的方式，包括招聘新员工和经验丰富的员工，以及管理已拥有的人才。

需要特别澄清的一点是，你不需要让每个人都留下来。你不可能让每次招聘都产生预期结果，也不需要让每个人都能"合拍"。如今很多人力资源管理文献都在讲述公司文化和糟糕招聘的代价，这会导致招聘主管在招聘时刻意挑选能够"立即适应环境"和"很好地融入公司文化"的应聘者，实践中这种循规蹈矩的结果会导致企业继续以一贯风格行事。那些天生能融入的是执行者，不是高价值创造者。一旦公司明确发出不愿意接受任何异常行为的信号，不管是积极的还是其他形式的异常行为，即使有高价值创造者倾向的人也会自我调整以便融入企业。

事实是高价值创造者并不总能融入公司。他们跟身边的人思考方式不同。他们提出的想法跟你目前应用的标准方式相反，但是冲突正是你取得突破价值所需要的。如果看不到某些员工因为你行动缓慢而受挫离开，那么你的招聘环节就没有做到对高价值创造者友好。

现在人员流动不可避免，因而拥有丰富的人才渠道更加重要。我们并不建议你抛弃现有的招聘程序。你依旧可以聘用沃顿商学院MBA学位的人，但也可以考虑聘用和以往不同的人才，他们也许是转行再出发的MBA，或者是在追求传统职业道路之前加入过创业公司的人。不管是刚走出校园的新员工，还是经验丰富的管理者，你都需要从中发现、培养高价值创造者和执行者。

对于招聘来的年轻成员或新员工，试着从履历或成长背景中找出拥有不同观点的人。那个人过去创造过新事物吗？比如创建过帮助穷人的俱乐部，或在校园内教其他学生像民间私人资本运营者那样投资，或者甚至开展过创业项目？那个人是否通过求学、旅游或者工作追随过自己的激情？那个人是否像史蒂夫·乔布斯在里德学院（Reed College）学习书法那样，学习过对你的公司来说不那么相符合的科目？在学校、家庭生活中，他是否提出过完成任务的聪明办法？这里的"完成"指的是真正做出成果，即使对年轻人来说也如此。除非他们有实现某个想法的欲望，否则光有想法和激情不能造就高价值创造者。晨星公司创始人乔·曼斯威托就说过，在招聘年轻员工时，他会选择曾着手实现计划的应聘者。未完成的程度和未执行的商业想法，尤其是如果员工有多次放弃的经历，说明该员工徒有想象的素材，但是缺乏必要的毅力去解决执行过程中的困难。

除了招聘，发展你已经拥有的人才，允许他们展现自己的高价值创造者才能。可以给高潜力的员工时间，让他们将想法付诸实践，看看他们如何平衡耐心和行动力。总体来讲，你要鼓励高价值创造者尝试新的不同的体验，开拓他们的视野，并且为富有同理心的想象力和创意执行创造更大的可能性。

为有潜能的人创造新机遇时，花点儿时间检查你的传统奖励和认可系统。企业做的最狡猾的一件事就是，给潜在的高价值创造者创造价值的任务，但是却不创造相应的奖励措施和制度，让高价值创造者要么大获成功，要么无所作为。在普华永道，我们也得克服这方面的矛盾。我们有过这样的经历，给潜在的高价值创造者机会，让他们在新的领域建立资产并希望他们取得成功，然而继续以跟一直在开展传统业务的其他员工相同的方式进行评估。

我们举这个例子并不是想批判什么，而是为了印证仅让某些流程正确反而很容易抑制价值创造，而不是释放价值创造潜力。如果你有一位高价值创造者显示出有能力完成小规模的价值创造，你就必须决定，要么投入足够投资将生意规模做大，要么向他解释为什么你会终止计划而非继续投资。不要让拥有高价值创造者潜能的人进退维谷。高级管理团队不应该选择妥协，以模棱两可的态度对待价值创造，这会发送出清晰的企业不重视价值创造的信号，会在一开始就阻止价值创造。作为回应，高价值创造者会选择离开，潜在高价值创造者也会得到自己不会被支持的信号，只好选择做执行者，我们确信后者带来的结果更糟糕。

招聘催化剂员工

催化剂员工指你因为追求新增长或新功能而特别招聘具有某些技能的员工。每个企业或多或少都需要进行一些催化剂招聘。

催化剂员工能让企业在很难或无法协调的传统思维或官僚体系结构间变通。例如，美国国家开发机构美国国际开发署（USAID）几年前意识到，如果自己想对全球贫困问题有影响，那么就需要直接接触创新理念和创意执行。美国国际开发署将赌注押在迈克尔·克雷默（Michael Kremer）身上，身为哈佛大学教授，迈克尔·克雷默是发展领域的高价值创造者，他不仅是著名经济学家，还是公共健康领域的专家。

学术界可能很少有高价值创造者，但是克雷默高价值创造者的地位无可争辩。作为 20 世纪 90 年代早期一名了不起的博士，克雷默利用富有同理心的想象力提出了发放援助物资这个棘手问题的根本解决方法。在当今的发展领域，资助者会聚焦于单一问题，比如公立学校里贫困家庭学生的旷课问题，然后针对相关计划捐助资金。但是他们没有可靠的评估工具来评估自己赞助的项目有无成效，或者甚至是否造成了反效果。十年前，诸如"免费学校午餐计划能否让学生留在学校"等发展计划根本没法得到真正评估，仅靠计算计划执行前后的学生数量并不能说明之间的因果关系，更不可能知道免费午餐是否比有条件的现金补助、驱虫药或提供免费制服等其他方案，实施起来更有效、花费更少。

克雷默利用随机对照实验（Randomized Controlled Trial，以下简称 RCT）找到了解决办法。RCT 是制药公司用来评定药物是否有效的一种研究办法。克雷默是首批采用该办法来评估社会项目的社会科学家之一，自那以后 RCT 评估风靡全球，全世界社会调查都采用 RCT 标准。后来证明，在学校开展除虫医疗计划是让贫困家庭孩子返回学校最便宜也最有效的途径。

克雷默也是预先市场承诺计划（Advanced Market Commitment，以下简称 AMC）的起草人之一，该计划能促进制药行业发挥富有同理心的想象力。AMC 通常是大出资方（比如政府）做出承诺，承诺如果制药公司开发出某种疫苗或药物的话，大出资方就会购买一定数量的产品。当某些疾病严重影响贫困国家的穷人，而那些贫困国家政府没有资金购买专利药品时，AMC 可以确保市场有治疗那些疾病的药物。这个想法是跟麻省理工学院的经济学家瑞秋·格兰内斯特（Rachel Glennerster）合作提出的，华盛顿的智库"全球发展中心"（Center for Global Development, CGD）提供额外支持，并负责执行，将药物开发的死角转变成了富有创新的领域。

美国国际开发署现在将赌注押在克雷默的价值创造技能上，借克雷默富有同理心的想象力和创意执行能力与贫困斗争。该机构雇用克雷默创建"发展创新投资企业"（Development Innovation Ventures），利用风险投资的分期融资模式进行反贫困创新。发展创新投资企业给公司和个人分期提供基金，让这些公司和个人发现、发展、测试（通过 RCT）、评估新想法，证明哪些想法可行、具成本效应及有规模化的潜力。

想想你的公司：当你雇用员工促进新增长和获得新能力时，你是寻找执行者执行现有的商业模式，还是寻找能以新方式发展公司的人才？如果你的公司乐于接受后者，显然催化剂招聘可能会给你引进高价值创造者，因为很多情况下，催化剂招聘过程更乐于接受拥有不同背景或者经历的人才。

研究白手起家的亿万富翁时，我们设计了一系列问题，采访某些催化剂员工，从高价值创造者重要维度的每个方面对他们进行评估。我们用这些问题来识别某个催化剂员工是更倾向于执行者还是更倾向于高价值创造者。只有知道手中的任务需要高价值创造者的视野还是执行者的执行力后，这种方式才能发挥最大的功效。典型问题包括：

- ◆ 行业内最重要的趋势是什么？会为客户带来什么机遇？
- ◆ 你是否富有创造性地让某个想法执行得更快、成本更低以及与众不同？
- ◆ 你是否经历过真正、彻底的失败？你从中学到了什么？
- ◆ 你是否能够描述业务中让你颇感兴趣、愿意满怀热情地追求，并且展现耐心与行动力的机遇？

◆ 能否举例说明，你曾以新方式融合想法、人和资源来创造新价值，同时实现想法（而不是光讨论这个想法）？

◆ 如果给你 20% 的工作时间产生一个想法或计划，你会有什么想法？你会怎么执行那个想法？

如何活用以上问题，取决于你谈话的语境以及目标。很多内容能体现求职者如何满怀热情地看待新机遇，以及能否抓住机遇、能否继续抓住机遇。除此之外，再怎么强调面对失败时的韧性的重要性也不为过。我们说的可不是假性的失败，不是指求职者的课程得分为 C 或某个季度未完成销售目标，这里讲的是真正有影响的失败，真正的失败会让人重新审视、考虑自己的生活和行动。唯有真正面对过人生挑战的人，才知道如何应对挫折，才能够有勇气振作起来。

招聘来的高价值创造者需要非常独立。领导者是孤独的，尤其是追求真正的新事物时。你常常不仅得不到积极反馈，而且如果事情出错了，很少有人与你一起面对压力。成功的高价值创造者只有相信想法正确，并且一心想要将想法付诸实现，受到这种信念激励，才能集中注意力长期运营。

说起想法，经验丰富的高价值创造者一定会有自己的想法。提出渐进式想法的求职者很可能是位执行者；能提出全面的想法预示着价值创造。

理论上来讲，很难想象凭借这些问题能发现高价值创造者，但是在将本书经验应用到催化剂招聘中，我们发现结果并不是模棱两可的。公司里有高价值创造者的时候你会知道的。

最近我们采访了一位肯定具有高价值创造者特质的人。问及他想从事的业务时，他提出了咨询顾问业务，帮助企业控制电网损坏风险。在大约 20 分钟的交谈过程中，他解释了自己的看法。他觉得当下过于强调投资智能电表和能源使用管理。按照他的观点，这些方面的问题较小，利润空间也有限，其实真正的机遇在于老化的基础设施、自然灾害加剧引起的电网损害和安全问题，以及因此给各种机构造成的风险，包括美国联邦政府、各州政府、保险公司、公共事业单位和企业等。他慎重考虑过所有事情，因此能够提出既有价值，又有规模化生产潜力的项目。

这个例子中那人的想法不是重点，重点在于毫无疑问，那人有高价值创造者品质。他拒绝典型叙述，提出可行的有商业潜力的替代方案，表现出了富有同理心的想象力。他一方面主张应该现在开始实践也必须现在开始实践，一方面也认为要花 10~20 年等待市场成熟，表现出了耐心的行动力。在描述商业案例和配送模型时，他又展现出了创意执行力。

发展价值创造型伙伴关系

有些公司努力发现、培养已有的高价值创造者和高价值创造者 – 执行者组合，开发催化剂项目，雇用缺乏的人才，并且从中大获成功。此外，他们升级奖励和认可系统，以表扬价值创造。然而，即便采取所有这些措施，有些机构还是发现，它们没有足够的高价值创造者（拥有的高价值创造者可能无法将自己带得足够远）。这类公司，以及找不到、留不住高价值创造者的公司，可以考虑跟善于进行价值创造的机构合作，好让自己有机会以新方式发展。

发展这种类型的战略合作有前提条件。纵观整个商业史，伟大的创新者都有一些有趣的朋友。约翰·皮尔庞特·摩根（J. P. Morgan）与尼古拉·特斯拉（Nikola Tesla）交好，甚至给这位发明家的越洋电信技术进行投资（但是最终失败了）。类似地，我们看到很多公司赞助 TED 和世界经济论坛之类激发想法的平台，将其作为把新关系和想法融入公司的手段。

在福特公司，员工只要提出创新想法，获得专利，公司将会奖励其三个月的 TechShop 会员。TechShop 位于底特律，面积 1 600 平方米，内有建造产品和组件模型的机器、材料。会员项目使得福特申请的专利增多，但是福特看到了更大的好处：给喜好小发明的人机会，让他们将自己的想法变得切实可行。

企业利用伙伴关系来促进价值创造的做法种类繁多，比如可以跟大学建立合作关系，可以资助创业公司，可以收购新公司同时保持新公司独立于总公司；也可以跟供应商紧密联系，跟顾客互动，或者孵化类似非常规项目的副产品。

这些伙伴关系在将联合资源变成新的价值方面有很大的潜力。可口可乐公司宣布跟 Keurig 冷饮机的拥有者绿山咖啡公司（Green Mountain Coffee Roasters）建立伙伴关系，我们从中看到了这种潜力。2015 年，绿山咖啡推出 Keurig 冷饮机，可口可乐这个冷饮大亨遂斥资 12.5 亿美元收购了绿山咖啡 10% 的股份，要求将装可口可乐饮料的容器放在 Keurig 冷饮机存货的顶端。这又是可口可乐"唾手可得的渴望"的另一种营销方式。

还有其他尝试，比如老牌公司更公开地参与到极为成熟的市场中，将赌注押在新的生机勃勃的企业上，这些企业能够避开大企业僵化的流程和方式。通过投资有先进思考模式和执行策略的伙伴，公司有可能突破自身的局限。这不仅让公司有走向新市场的机会，也能帮助公司发现内部的高价值创造者。想要追求长期利益，或是致力于某个想法或方向的员工，会为了多学一点或是真正有所成就，而被新企业吸引。

善用并购得来的人才

很明显，公司是受到激励才收购的，他们想要获得资源、新市场或者大规模潜力。有时，合并明显是为了公司内的管理者和他们将想法付诸实践的能力。

亚马逊收购 Zappos 就是高价值创造者杰夫·贝佐斯（Jeff Bezos）与另外一个高价值创造者 CEO 谢家华惺惺相惜的故事。贝佐斯看上的不只是 Zappos 的业务资产，更是为了谢家华的技能和眼力。与此相反，沃伦·巴菲特可以说是名高价值创造者，但是他通过并购执行者关注多年、能稳定输出现金流的产业来使自己成为亿万富翁。在我们看来，农业生物科技公司孟山都（Monsanto）收购 Climate 公司，这一举措是为了让多元化农业巨头在有巨大潜力的领域发展高价值创造者能力。

Climate 公司的业务是农业领域数据分析，通过分析气候和天气数据，可以更好地预测降雨和其他天气变化，给农民提供信息，帮助他们优化产量。Climate 公司可能建议农民比平常早十天或晚一周去种植。孟山都意在帮助农民用更少的资源和更低的污染来生产全球所需的粮食，对它来说，这次收购能帮助它获得现有技能组合之外的技能，与公司的发展目标是一致的。

不管合并动机是什么，你都需要保持这个视角，即收购的部分价值在于人员，也就是将公司发展到现有状态的创立者、领导者和部门负责人。通过观察各层次的高价值创造者人才的离开速度，你能很快估计出公司对高价值创造者的友好程度。真正的合并中，被收购的公司纳入母公司后，一旦金融锁定期到期，高层领导者常常是第一个离开的。那么重要部门的负责人或负责业务开发的管理者情况如何？这可能是存在更多高价值创造者人才的地方，根据公司的类型和成熟度，他们离开时，会带走相当大比例的合并价值。如果他们尽快创建自己的企业，那么你就浪费了安排适合高价值创造者的任务和让收购得来的人才为公司和股东创造价值的机会。

改变合并心态。大多数企业认为，合并和收购的价值在于目标市场，而不是合并收购得来的人才。因此，很多公司收购完立刻裁减员工，他们寻找职能重叠部分并进行裁员。我们并不是说裁员完全错误，但是这些决策作出的速度几乎已经使得高价值创造者被迫离开或抓住机会跟大伙一起离开成为必然。稍微改变一下观点，如果你为自己没有的技能而收购一家公司，那么在交易完成前看看哪些人是高价值创造者，确保他们有留下的动机。

谁应拥有最终否决权

我们现在讨论公司采取措施营造高价值创造者友好型氛围时面临的最棘手的问题之一，即谁来说不。到目前为止，本章集中讨论了如何在公司内外发现、培养高价值创造者，以及如何发现和利用价值创造的机遇。但是如果公司里掌权的人阻碍的话，那些努力只能带来有限的突破潜力。

识别哪些属于高价值创造者任务、哪些不是，或者通过合作、内部努力进行价值创造时，考虑清楚谁做决定很重要。领导者的地位、态度和行动决定了公司是以执行者为中心型还是高价值创造者友好型。如果高层领导者都是执行者，如果他们招聘、选拔执行者进入最高层，只给执行者项目开绿灯，常常显示出执行者循环，那么他们就给公司中每个人发出了明确的信号，即公司里容不下偏常。

对，就是"偏常"，我们并不是随便用这个词的。高价值创造者都是偏常者，价值创造就是偏常行为。就算高价值创造者的工作带来了了不起的成效，这个过程也会以一种让执行者感觉不舒服的方式违反公司特性，这点确信无疑。

说起这种不适和负面影响，我们可以举个例子，即最近媒体很关注的无人驾驶汽车。眼下谷歌拥有这片领域，它一直致力于这项技术研究，管理层努力在市场上实现这一技术、宣传积极用途。据报道，去寻求谢尔盖·布林和拉里·佩奇支持的团队受到高价值创造者创始人的推动后变得更加雄心勃勃，佩奇和布林承诺，只要无人驾驶汽车能够在 GPS 导航有限的高速公路和城市道路上行驶 1 000 公里，他们就允许开发团队制造无人驾驶汽车，该团队 15 个月内就完成了挑战。

谷歌在这个市场上占主导地位提出了一个棘手的问题：为什么主要的汽车制造商不采取行动呢？安吉星（OnStar）是通用公司在电子数据系统公司（Electronic Data Systems）和休斯电子系统公司（Hughes Electronics Systems，现在的 DirecTV）的帮助下开发的车载导航系统，已经问世几乎二十年，很长一段时间是汽车行业"操作系统"的"车主"（缺乏更好的词汇来描述），很多人认为这一操作系统将会成为很多技术创新的平台，包括无人驾驶技术。为什么会变成这样？

我们推测，问题的根源是领导力。执行者掌权的传统企业喜欢在激进的想法上进行虚伪的押注，但是到了真正承担义务的时候，他们无法看到颠覆性技术的潜力。他们无法理解创新可能存在于竞争对手的产品中；他们不会也不能描述变化，不能向员工、顾客和股东说明这种新的颠覆性模式只是他们经常做的事情的一种自然发展。

与汽车行业不愿采取创意执行而主动放弃无人驾驶领域不同，高价值创造者比尔·盖茨努力将微软带到互联网领域。1995 年，比尔·盖茨知道微软进入互联网为时已晚，那时网景通信公司（Netscape Communications Corporation）、太阳微系统公司（Sun Microsystems）和其他竞争对手已经占主导地位，决定了浏览器和网络服务市场，这两者充当了决定用户存储、发现、整理和使用信息的门户。在一封写给微软所有员工的信中，比尔·盖茨说明了他为什么觉得远程通信重要，为什么互联网那时候占据网络化通信新时代的中心位置，为什么浏览器和其他能够上网的技术不是当时市场的最重要优先问题，却是微软的当务之急。比尔·盖茨将整个公司押在网络上。他利用富有同理心的想象力看到了顾客的需求变化，然后在内部开始创意执行，并结合重要的任务安排和研发计划，追上并超过竞争对手。很明显，微软错过移动网络新浪潮的时候没有类似的号召；那时盖茨已经退休了，开始将他的二元思维习惯转移到改善世界穷人生活上。

重大改变的故事迫使企业自问：我们有哪些可供支配的组织手段来促进改变？

我们认为，推动高价值创造者友好型文化，领导者需要做的是让非传统活动穿上合法的包装。这需要像比尔·盖茨一样的人来解释为什么偏离之前的业务核心是跟公司从事的工作相一致的。领导者需要指明偏常行为，从不同方面证明偏常行为是对的，比如强调高价值创造者如何将公司带入新市场、新产品时代，或为公司铺平了突破的道路等。通常，偏常者采取规则之外的行动或追求不同一般的项目时，领导者需要给他们提供"空中掩护"。这场游戏里，高价值创造者需要遵循一些规则。如果高价值创造者的活动跟公司价值相违背，领导者就不能对这些活动照单全收。高价值创造者可能会打破公司里的行为和思想标准，但是不管个人潜力有多大，任何人都不能打破某些道德法律标准。

根据公司内部文化不同，可以采取不同的方法使高价值创造者制度化。有些公司会用看似渐进的方式将价值创造成果制度化，以复杂的互动过程将积极的偏常转变成可以接受、跟公司协调的规范。

不管如何开展，公司都需要身居高位的高价值创造者。公司需要那种能够看到世界如何改变并知道如何在不断变化的世界中推销公司的人才。想要营造一种认可和奖励积极的偏常行为、肯定具有颠覆性的新想法和策略的高价值创造者友好型氛围，必不可缺的条件是拥有一位、两位甚至是多位高价值创造者型管理者。这一点不可能有妥协。我们不断强调，还将继续强调，执行者是公司的重要资产，但是执行者不可能构建复杂的理想，看不到将好想法变为大生意的必要结合。当真正的问题是"为什么不"时，执行者更可能问"为什么"；当答案需要是肯定的时候，他们给出的更可能是否定。**所以你需要想办法用"是"来回应高价值创造者，让高价值创造者成为公司中有最终否决权的人。**

公司中董事会成员构成也同理。即使非常有权力的 CEO 也有独立的董事会来批准重大决策。董事会既能够为价值创造铺平道路，也可能会设置障碍。为了确保董事会为价值创造铺平道路，公司需要董事会中有高价值创造者，因为他们能够看到新价值创造方案背后的意图，甚至能够为新价值创造方案增加价值。

如果采纳这条建议，你做决策和提拔人员时就会更关注于建立高价值创造者友好型公司，但是我们并不是说不让公司里有高层执行者，相反，公司里需要执行者位居高层。如 JPMS 的执行者卢克·雅格贝里斯（Luke Jacobellis）、MicroSolutions 公司的执行者马丁·伍德尔，他们是公司日常运营的管理者。公司里总会有不可替代的关键角色需要执行者，因为执行者有技术创造性，能够接受高价值创造者的设计，优化高价值创造者设计中的内容。关键是提拔执行者时要发挥高价值创造者 – 执行者的协同作用。

不要排斥创新

在执行者主导的公司中做高价值创造者，需要有能力克服做新项目带来的耻辱感。重视执行者的企业文化会在不知不觉中让潜在高价值创造者感到耻辱，让他们噤声不语，尤其是高价值创造者采取冒险行为或有机会尝试某些计划，却由于种种原因失败时，比如想法不够好、时机不对、模式错误，或其他任何导致想法无法实现的原因。你的公司如何对待尝试新项目但是最终失败的高价值创造者？如果你老老实实回答说，某种程度上你让他或其他一些尝试大计划但失败的人感到耻辱，那么你需要采取一些行动了。

在整个商业领域中，没有获得成功或完全失败的风险项目本身就会让人真正觉得耻辱。我们采访的白手起家的亿万富翁明确表示，失败是成功道路上的障碍。然而，企业环境经常是以失败为耻，把那些失败的人推到停滞状态。除非失败的代价非常巨大，公司一般不会把失败的人炒鱿鱼，但是也很少再给他们第二次创造价值的机会。并非所有失败都预示着未来能有巨大的胜利，但是有些失败预示将来有巨大的胜利，至少那些尝试的人应该因为尝试而获得表扬，允许融合经验教训，甚至能把经验教训制度化，这样一来，下次尝试的时候就会容易不少。

我们把对待失败的耻辱态度看作公司倾向于避免模糊的象征。没人喜欢不确定，企业也很少容忍不确定。电子表格和收益报表本质上都是为了在这个不确定的世界中增加一丝确定，不过追求全新的事物却是企业从事的最不确定的活动。我们并不是建议企业接受模糊，这有点儿夸张了。但是对那些结果非常不确定而又非常有潜力的价值创造活动，企业确实需要对它们尤为容忍。我们在第 3 章中强调，高价值创造者在实现想法的过程中要采取各种各样的方式，他们需要设计、调整以及更改业务模式以找到真正可行的做法。**高价值创造者在做对之前可能会做错，他们需要试错的空间。**

一个项目如果从模糊发展到完全失败该怎么办呢？中断项目，不要让项目和高价值创造者都处于不稳定的状态中。能够盈利但是盈利不够而引起公司注意的项目，应当与明显不会盈利的项目处理方式相同。"迹象都在那儿呢，"Groupon 创始人埃里克·莱夫科夫斯基谈起自己支持的风险项目的成功机会时说，"99.9% 的情况下，这些迹象不会有错。"

识别、培养、留住高价值创造者

研究亿万富翁的过程中，我们研究了偏常者。那些既不在盒子内也不在盒子外工作的人，他们制造新的盒子。高价值创造者制造新盒子，执行者在过程策划中明确禁止一些盒子，领导者的工作就是在这两者间行走，接受两者、不可偏废。领导者需要以开放的态度发现、支持积极的偏常，同时推进系统改进。

亿万富翁都有重要的思维习惯，我们鼓励一些高级领导者也培养新的思维习惯，专注发现、鼓励、奖励高价值创造者并与之合作，以扩大企业的人才库。但是这不是食谱，没有永远不会出错的食谱，也没有每次都能带来高价值的创造活动。我们在本书中提出了一些催生高价值创造者、营造吸引并培养高价值创造者氛围的想法和做法，但是这些建议本质上传递的强烈信念是：奇迹不能制造。正如本书中讲述的各种例子，它们表明伟大的高价值创造者来自奇怪的地方。这些亿万富翁的成就可能会让人意想不到，他们会按照自己的计划成就伟大事业，也不会忽略计划之外的意外因素。每个公司、每名领导者都必须在机会出现的时候抓住机遇。真正的高价值创造者型领导者就清楚自然发生的奇迹并且接受那些奇迹，避免尝试制造奇迹的自然倾向。尝试制造奇迹就像尝试解释笑话，在详细追究的过程中就已经凋零了。

管理活动最关键的是分清哪些机会需要高价值创造者，哪些机会需要执行者。看看公司有成就的领域，了解是谁取得了这些成就。如果是高价值创造者，认识到那一点并且给他下一个适合他高价值创造者身份的挑战。雇用更多高价值创造者，并且支持他们，将很可能达到取得成功所必需的人才平衡。当市场经济能带来巨大的回报时，哪家公司的领导者更会培养高价值创造者人才库，巨大的价值将会流向哪里。

白手起家的亿万富翁名录

卡尔·阿尔布雷特

1920—2014，德国

阿尔迪南方公司

第二次世界大战结束后，卡尔·阿尔布雷特回到家乡，与弟弟西奥·阿尔布雷特一起接管了母亲的街角杂货店。兄弟俩连续开了很多新店，直到1948年，他们将所有店合并起来，组成阿尔迪超市（Aldi Stores Ltd）。公司以为战后苦苦挣扎的德国人民提供实惠商品而成名。兄弟俩最后依照各自经营的区域将公司拆分开，卡尔管理阿尔迪南方公司，西奥管理阿尔迪北方公司。1994年，卡尔不再负责公司日常运作，此时，阿尔迪南方公司已在全世界拥有2 500多家分店。

西奥·阿尔布雷特

1922—2010，德国

阿尔迪北方公司、乔氏连锁超市（Trader Joe's）

西奥·阿尔布雷特从小就准备成为母亲开在街角的杂货店的接班人。他和哥哥卡尔在 20 世纪四五十年代晚期扩展业务。20 世纪 60 年代兄弟俩不和，将公司一分为二。西奥管理阿尔迪北方公司，以阿尔迪的名义在欧洲其他地方发展。1979 年，他买下位于加利福尼亚的乔氏连锁超市。今天，德国大约有 2 500 家阿尔迪北方超市，整个欧洲大陆则有上万家店。

保罗·艾伦

1953 年出生，美国

微软、Vulcan 风险投资公司

保罗·艾伦 14 岁时就认识了来自西雅图的同学比尔·盖茨。1975 年，两人辍学共同创办了微软，为迅速发展的个人电脑市场提供软件。微软公司很快取得成功，作为首席技术总监，艾伦成了亿万富翁。1983 年被诊断出患有霍奇金氏病后辞职。治疗结束后，他创建了 Vulcan 风险投资公司，主要投资房地产和科技企业。今天，艾伦拥有 NBA 的波特兰开拓者队和 NFL 的西雅图海鹰队。

菲利浦·安舒茨

1939 年出生，美国

安舒茨集团（The Anschutz Corporation）

菲利浦·安舒茨追随他父亲和祖父进行石油天然气开采。发现油田后，公司在他的带领下发展成为美国最大的石油公司之一。随后，他在 20 世纪 80 年代将业务拓展到铁路，主导合并了南太平洋铁路公司（Southern Pacific）和联合太平洋铁路公司（Union Pacific）。接下来的十年，安舒茨将业务拓展到娱乐和电信行业，创建了奎斯特通信公司（Quest Communications）和安舒茨娱乐集团 (Anschutz Entertainment Group)。如今安舒茨娱乐集团旗下有很多娱乐场所，比如洛杉矶的斯台普斯中心 (Staples Center)；此外，还有多个球队，比如全美冰球联盟（National Hockey League）的洛杉矶国王队。

米基·阿里森
1949 年出生，美国
美国嘉年华游轮公司

米基·阿里森小时候，父亲拥有好几个游轮公司，阿里森对游轮生意的兴趣就始于他父亲。十几岁时，阿里森到父亲的公司工作，在老阿里森退休前慢慢承担起更多公司职责。那时候，嘉年华游轮公司还只是一个拥有三艘船的小公司，但是阿里森的愿景是把游轮变为主流度假方式。他收购更小的公司，投资更多船只。今天，嘉年华母公司旗下拥有十几个游轮品牌，包括冠达游轮、荷美游轮、公主游轮。阿里森还是迈阿密热火篮球队的老板。

史蒂夫·鲍尔默
1956 年出生，美国
微软

1980 年，从哈佛大学毕业两年后，史蒂夫·鲍尔默受到校友比尔·盖茨邀请，加入刚成立的微软公司，担任业务经理。不到一年，微软跟国际商业机器公司（IBM）签下了突破性的一个协议，为 IBM 的新产品个人电脑设计操作系统。鲍尔默作为市场和销售方面的专家，对于实现盖茨的愿景发挥着非常重要的作用。作为第二把手，他获得了大量微软股票，成了亿万富翁。2000 年盖茨退位后，鲍尔默接任微软 CEO，一直到 2014 年退休。今天，鲍尔默是洛杉矶快船队的老板。

杰夫·贝佐斯

1964 年出生，美国

亚马逊

从普林斯顿大学毕业后，杰夫·贝佐斯在华尔街找到一份工作。在 D.E.Shaw 对冲基金公司工作时，他成为这家投资公司历史上最年轻的副总裁。25 岁时，他离开 D.E.Shaw 公司，创办了互联网零售公司亚马逊。基于国际标准书号（ISBN）系统能够让买家进行网络搜索和下单，亚马逊先从销售图书开始，很快网站开始提供很多其他产品。2007 年，亚马逊推出 Kindle 电子阅读器，开始销售电子书。今天，亚马逊已成为世界上最大的在线零售商。贝佐斯也是《华盛顿邮报》的老板。

萨拉·布莱克利

1971 年出生，美国

Spanx

萨拉·布莱克利是佛罗里达人，她曾经白天销售办公用品，晚上进行脱口秀表演，直到她发明了女性塑身产品，后被命名为 Spanx。经过多年的发展，布莱克利终于在 2000 年取得了重大突破，那一年她的产品出现在奥普拉·温弗瑞的脱口秀节目中。Spanx 知名度一路飙升，布莱克利也借此成了亿万富翁。今天，Spanx 销售 200 多种产品，不仅有塑身衣，还包括泳衣、牛仔裤和男士塑身衣。布莱克利依旧是 Spanx 的代言人，并带领公司研发团队推出新产品。

迈克尔·布隆伯格

1942 年出生，美国

彭博资讯公司

从约翰霍普金斯大学和哈佛商学院毕业后，迈克尔·布隆伯格加入所罗门兄弟公司工作。他从基层一路升迁到高层，1972 年成为普通合伙人，但是在公司 1981 年被收购时遭到解雇。获得 1 000 万美元补偿金后，布隆伯格用这笔钱创建了日后专门提供财经资讯的彭博资讯公司，发行《彭博商业周刊》（ *Bloomberg Businessweek* ）。2012 年至 2014 年，迈克尔·布隆伯格离开公司，担任纽约市市长。今天，他积极参与跟环境和健康相关的慈善事业，同时也是联合国秘书长特任的城市与环境变化大使。

理查德·布兰森爵士

1950 年出生，英国

维珍集团

1970 年，理查德·布兰森创建了自己的第一个公司，做唱片邮购生意，后来很快添加了唱片零售店生意。他挑选的都是一些标志性、有争议的乐队唱片，比如性手枪乐队（Sex Pistols），后来他的零售店演变为维珍大卖场（Virgin Megastores）。布兰森也开始开辟音乐之外的领域，20 世纪 80 年代早期，他创办维珍大西洋航空公司（Virgin Atlantic Airways），进军航空产业；20 世纪 90 年代，创办维珍移动公司（Virgin Mobile），进军通信行业；2004 年创办维珍银河（Virgin Galactic），进军太空旅游业。今天，维珍集团旗下有 400 个公司，布兰森继续担任主席，同时积极投身慈善事业，努力对抗全球变暖。

谢尔盖·布林

1973 年出生，俄罗斯

谷歌

谢尔盖·布林生于莫斯科，6 岁时跟随父母移民到美国。在斯坦福大学读博士的时候，他遇到了校友拉里·佩奇，两人一起着手研究网络搜索的更好途径，最终开发出谷歌搜索引擎，1998 年他们成立谷歌公司。2001 年至 2011 年，布林担任谷歌公司技术总裁。今天，他继续担任谷歌的董事，与佩奇、埃里克·施密特一同管理公司。

艾利·布罗德

1933 年出生，美国

KB Home、SunAmerica

艾利·布罗德 20 岁时在唐纳德·考夫曼的建筑公司的废弃办公室里创建了会计公司。1957 年，两人合创考夫曼·布罗德建设公司（即现在熟知的 KB Home），主要建造简易房。因为简易房没有地下室，所以建造起来相对便宜，对于战后蜂拥至市郊的婴儿潮时代的人来说，他们也住得起。20 世纪 60 年代早期，公司扩展到西南地区。布罗德开展房屋建造之外的生意，1971 年收购阳光人寿保险公司（Sun Life Insurance Company），将其改组为金融投资公司 SunAmerica。1999 年，美国国际集团（AIG）收购了 SunAmerica；2000 年布罗德辞去 CEO，专事布罗德基金会（Eli and Edythe Broad Foundation）。

沃伦·巴菲特

1930 年出生，美国

伯克希尔·哈撒韦公司（Berkshire Hathaway）

提起沃伦·巴菲特，人们常常认为他是他那个时代最成功的投资者。他孩童时期就开始涉足生意，11 岁时就开展了第一笔投资，13 岁时创办了自己的第一个企业。从商学院毕业后，他用集资的方式进行投资操作，并且一生都只投资资产被低估的公司。这种投资实践使得巴菲特 1962 年时获得了伯克希尔·哈撒韦公司的控股权。伯克希尔·哈撒韦公司一开始从事纺织业务，巴菲特接手后将其转型为保险控股公司，后又转型为大型集团，投资 GEICO 保险公司、冰雪皇后（Dairy Queen）、亨氏食品公司（HJ Heinz）和其他一些公司。巴菲特现在仍然担任伯克希尔·哈撒韦公司的 CEO，同时积极投身慈善事业。

张茵

1957 年出生，中国

玖龙纸业、美国中南控股公司

张茵生于中国东北矿区，十几岁时就开始工作。近 30 岁时，她在香港创办了自己的第一个纸浆公司。尽管在香港生意做得风生水起，她还是移民到加利福尼亚，因为加利福尼亚的再生纸产品更丰富。
2001 年，她创办的废纸回收企业美国中南控股公司成为美国最大的纸
制品出口商。1996 年，她在中国创办玖龙纸业有限公司，从美国中南
控股公司和其他一些公司购买纸浆，生产包装纸盒。张茵一直担任玖
龙纸业有限公司的董事长。

马克·库班

1958 年出生，美国

Broadcast. com、达拉斯小牛队、木兰花影业和 Landmark Theaters

读大学时，连续创业者马克·库班就开始想尽各种办法赚钱，包
括经营酒吧和教授迪斯科舞。毕业后不久，他创办了 MicroSolutions。
1990 年，他和合作伙伴马丁·伍德尔以 600 万美元的价格把
MicroSolutions 卖给了 CompuServ 公司。从那时起，库班就积极投资
自认为具有巨大潜力的想法，其中一个就是运用网络提供广播内容的
技术，后来成为 Broadcast. com 的基础。1999 年，库班和合作伙伴托
德·瓦格纳以 50 多亿美元将 Broadcast. com 卖给了雅虎。今天，库班
拥有达拉斯小牛队、木兰花影业和 Landmark Theaters 连锁影院。

约翰·保罗·德乔里亚

1944 年出生，美国

JPMS、培恩烈酒

约翰·保罗·德乔里亚在洛杉矶长大，家境贫寒。在丽得康和美
发研究院做业务员时，他参加了一次护发会议，会议上遇到了保罗·
米切尔。两人于 1980 年一起创办了护发用品公司 JPMS，公司定位只

销售产品给沙龙。此外，德乔里亚还培训沙龙老板如何将产品销售给最终使用者。1989 年，他跟马丁·克罗利合创培恩烈酒。德乔里亚还是一名执行制片人和演员。

迈克尔·戴尔

1965 年出生，美国

戴尔电脑

迈克尔·戴尔在得克萨斯大学读大一时就开始在学校宿舍研究电脑升级工具，直接销售给顾客，取得了极大的成功。一年后，戴尔电脑公司正式成立，推出了第一台专用电脑。互联网泡沫之际，戴尔公司由于直接面向顾客的销售模式和非常高效的供应链获得了快速发展。迈克尔·戴尔 2004 年从 CEO 位置上退下来，但是为了处理 PC 市场下降、产品质量问题和美国证券交易委员会的指控又重返戴尔。2013 年，他组织了一次成功的融资收购，将戴尔电脑公司私有化。

詹姆斯·戴森爵士

1947 年出生，英国

戴森吸尘器

詹姆斯·戴森第一次接到委托设计案替罗托克·马林（Rotork Marine）设计平底船时还是伦敦皇家艺术学院的学生。然而，最让他广为人知的作品，是以他名字命名的无尘袋真空吸尘器。G-Force 吸尘器是第一款产品，在 20 世纪 80 年代做了 5 127 次试验才准备生产。然而，不管是在英国还是在美国，戴森都找不到替他生产产品的制造商。1993 年，他创办了自己的制造公司，现在依旧领导着这家公司。

他也是戴森基金会（James Dyson Foundation）的创始人，旨在鼓励年轻人的创造力。

菲利普·弗罗斯特

约生于 1935 年，美国

关键制药公司、爱华克斯公司（Ivax Corporation）、梯瓦制药工业有限公司（Teva Pharmaceutical Industries）、Protalix 生物制药公司

菲利普·弗罗斯特原是迈阿密大学的皮肤学教授，1972 年和迈克尔·贾哈里斯接管了关键制药公司。1986 年，他们把公司卖给先灵葆雅公司后，弗罗斯特担任爱华克斯公司的董事长和 CEO。梯瓦制药工业有限公司 2006 年以 74 亿美元收购了爱华克斯公司，他又成为合并后的公司董事长。2007 年起，他又兼任 OPKO 保健公司的 CEO 和董事长。他慷慨资助迈阿密大学音乐学院、迈阿密美术馆和迈阿密科学博物馆，所有这些都以他和他的妻子帕特里夏（Patricia）的名字重新命名。

比尔·盖茨

1955 年出生，美国

微软

1976 年和伙伴保罗·艾伦创办微软的时候，比尔·盖茨 20 岁，众所周知，他选择从哈佛大学辍学去创业。在开发出第一套兼容 IBM 个人电脑的商用操作系统后，盖茨使微软在软件市场占据了重要地位。微软的知名度不止来自它的操作系统，它在消费性电子产品领域和电脑领域也获得了一定的美誉。2000 年，这位美国科技业的亿万富翁

创办了比尔和梅琳达·盖茨基金会（Bill & Melinda Gates Foulation）。2008 年，盖茨从微软 CEO 职位上退下来，之后全身心投入到了基金会事务中。

郭台铭

1950 年出生，中国台湾

富士康（鸿海精密集团）

郭台铭一生都在为老牌公司代加工产品。他的第一个公司专门制造电视遥控器。20 世纪 80 年代，郭台铭的公司开始制造个人电脑配件，包括雅达利的游戏手柄。到 1988 年，富士康台湾工厂产能不足，因此郭台铭在深圳又建了一座工厂。富士康的扩大使他成为康柏电脑和其他一些电脑公司的供应商。今天，他创建的鸿海精密集团已成为中国最大的出口商，生产很多广受欢迎的消费性电子产品，包括亚马逊 Kindle、苹果 iPad 和任天堂 Wii 游戏机。

许连捷

1954 年出生，中国

恒安国际

许连捷出生于中国福建省，以农民身份开创了自己的第一个拉链公司。遇见施文博时，他已经开始制作简单的服装，后来跟施文博合创恒安国际，为低收入女性生产卫生用品。两人靠恒安国际都成了亿万富翁。1998 年，恒安国际在香港证券交易市场上市。今天，恒安是中国国内最大的几个生产卫生巾、婴儿纸尿裤和纸巾的厂家之一。许连捷今天依旧是恒安国际的 CEO，同时担任福建省工业贸易协会和广州贸易协会会长。

穆罕默德·易卜拉欣

1946 年出生，苏丹

赛特

穆罕默德·易卜拉欣出生于苏丹，后移民到英国，在英国完成了工程和通信的高等教育。他职业生涯早期在英国电信工作，1989 年离开英国电信创办了电信咨询公司 MSI。2000 年，易卜拉欣卖掉 MSI，集中精力管理赛特，旨在为非洲提供移动通信服务。获得非洲很多国家的电信许可证后，赛特成为首批给处于社会底层的非洲人提供电信服务的通信公司之一。易卜拉欣 2005 年卖掉赛特，现在他的事业重心是穆罕默德·易卜拉欣基金，旨在改善非洲的治理。

玛丽安·伊里奇

1933 年出生，美国

小凯撒比萨、伊里奇控股公司、底特律老虎棒球队和红鹰曲棍球队、热血车城赌场

玛丽安·伊里奇小时候就开始涉足食品行业，在她父亲的饭店里帮忙。遇到迈克尔的时候她在达美航空公司（Delta Airlines）做文书工作。他们育有七个孩子，在生完第三个孩子后，他们开了第一家小凯撒比萨店，迈克尔做比萨，玛丽安管理店铺财务。小凯撒比萨店是首批几个只卖外卖的店铺，成本较低，价格也比其他竞争者更低，因此发展非常快。1992 年,这家公司的年销售额达到 21 亿美元。1996 年，伊里奇夫妇创办了奥林匹亚开发公司，主要在底特律市区做建筑开发项目。

迈克尔·伊里奇

1929 年出生，美国

小凯撒比萨、伊里奇控股公司、底特律老虎棒球队和红鹰曲棍球队、热血车城赌场

迈克尔·伊里奇职业生涯早期在底特律老虎队打棒球，后来他又从事过各种各样的工作，包括在饭店、酒吧工作，在那里他学会了做比萨。1959 年，他跟妻子玛丽安合创了第一家小凯撒比萨店，很快又开了很多连锁店。20 世纪 70 年代，参加工作的美国女性人数增多，廉价饭菜的需求随之增多，小凯撒比萨店生意兴隆起来。20 世纪 90 年代，迈克尔提出"比萨比萨"的市场营销活动，承诺让四口之家花费不到 10 美元即能吃饱，这次营销活动让他们的生意进一步壮大。伊里奇于 1992 年买下底特律红鹰曲棍球队和底特律老虎棒球队。

迈克尔·贾哈里斯

1928 年出生，美国

关键制药公司、瓦特拉医疗投资公司、Arisaph 制药公司

迈克尔·贾哈里斯获得法学学位后，前往生产苏打水泡腾片的迈尔斯实验室工作，在那里他升职到首席律师。1972 年，他离开麦乐斯实验室，跟亿万富翁菲利普·弗罗斯特一起收购了关键制药公司。贾哈里斯将公司原本主要产品发挥疗效的方式进行调整改善，生产出了治疗哮喘和高血压的热销产品。1986 年，贾哈里斯和弗罗斯特把公司卖给先灵葆雅公司，接着创办了 Kos Pharmaceuticals（简称 KOSP），推出了能够有效提升"好胆固醇"水平的烟酸产品。贾哈里斯后来把

KOSP 卖给了雅培，紧接着他又创办了健康风险投资公司瓦特拉医疗投资公司和研究生物技术的 Arisaph 制药公司。

史蒂夫·乔布斯

1955—2011 年，美国
苹果公司、皮克斯

　　乔布斯一开始在雅达利做游戏设计，1976 年，他和史蒂夫·沃兹尼亚克以及罗恩·韦恩共同创立了苹果电脑公司，销售沃兹尼亚克发明的个人电脑。首批苹果电脑获得了巨大的成功，但是后来的产品市场表现很普通。内讧导致乔布斯 1985 年被扫地出门。离开苹果后，乔布斯创办了 NeXT 计算机公司，从乔治·卢卡斯那里买来皮克斯动画工作室。1995 年，皮克斯成功上市使乔布斯成了亿万富翁。两年后，苹果收购 NeXT，同时乔布斯复职 CEO，从此苹果靠着 iPod、iPhone 和 iPad 快速发展，进入了一个大幅增长的时期。

柯克·克科里安

1917 年出生，美国
国际休闲公司（International Leisure）、米高梅 / 联美电影公司（MGM/United Artists）、米高梅国际度假集团（MGM Resorts International）

　　柯克·克科里安年轻时做飞行员教练，第二次世界大战时冒着生命危险为加拿大皇家空军开蚊式战斗机。1947 年，他收购飞机租赁公司特朗国际航空（Trans International Airlines），1968 年以 1.04 亿美元的价格卖掉。后来又接着收购了电影工作室米高梅电影公司，在拉斯维加斯建了很多宾馆和赌场。他在汽车行业势力也很强大，曾两次尝试收购克莱斯勒汽车公司，但是都未成功，他还买了很多通用汽车和福特的股票。2011 年，他退出米高梅国际度假集团董事会。现今 96 岁的他依旧活跃在商界中。

埃里克·莱夫科夫斯基

1969 年出生，美国

Groupon

埃里克·莱夫科夫斯基在创办 Lightbank 前，跟合作伙伴布拉德·基威尔创办了很多公司。他们共同创立了风险投资公司 Lightbank，主要投资科技型创业公司。Groupon 为世界各地会员提供各种产品和服务，是 Lightbank 投资的公司中最有名的一个，也正是凭借这家公司，莱夫科夫斯基成了亿万富翁。2011 年，Groupon 上市，两年后他成为该公司的 CEO 至今。

刘名中

1962 年出生，中国台湾

玖龙纸业、美国中南控股公司

刘名中是华裔巴西人，他年轻时前往美国，打算成为一名牙医。20 世纪 80 年代后期，他遇到了在中国香港创办纸浆公司的年轻企业家张茵，两人结为夫妻。由于香港资源有限，他们夫妇 1990 年移民到加利福尼亚，利用美国丰富的再生材料，共同创立了美国中南控股公司。他们又一起在中国创办了玖龙纸业。作为玖龙纸业现任 CEO，刘名中主要负责企业经营和管理。

吕志和

1929 年出生，中国香港

嘉华集团（K. Wah Group）、银河娱乐

20 世纪 40 年代，吕志和在中国香港创办自己的第一个食品批发公司时才 14 岁。接下来他开始做汽车部件批发生意。之后他经营过朝鲜战争后美国留在韩国的建筑采石设备，后来在香港进行石矿开采。最后他进入建筑业，成立嘉华集团有限公司。嘉华集团在香港以开发酒店而著称。几年前，吕志和成立银河娱乐，成为澳门最成功的赌场之一。

杰弗里·劳瑞

1951 年出生，美国

费城老鹰队

杰弗里·劳瑞是社会政治学博士，辞去大学教授之职后去祖父创建的连锁影院 General Cinema 工作。几年后，劳瑞成立了哈考特制片公司，制作的其中一部电影《监守自盗》获得了奥斯卡金像奖。1994 年，劳瑞以 1.85 亿美元的价格买下费城老鹰橄榄球队，创下了当时 NFL 球队转卖的最高成交价纪录。对老鹰队的基础设施做了重要的改善后，劳瑞重振了老鹰队。现在，他依旧拥有老鹰队。

马云

1964 年出生，中国

阿里巴巴

马云年轻时给来中国的外商做导游，以此锻炼自己的英语。一开

208

始他用借来的 2 000 美元成立了中国黄页线上系统，据说这是中国第一个互联网公司，但是最终失败了。1999 年，马云和其他 17 个人一起创办了阿里巴巴，目的在于帮助中国公司连接世界。阿里巴巴现在经营很多业务，是中国最大的电子商务企业。

乔·曼斯威托
1956 年出生，美国
晨星

曼斯威托毕业于芝加哥大学布斯商学院，是一名连续创业者及投资爱好者，1984 年创办晨星公司之前他在很多金融公司工作过。起初晨星公司每季度发布 400 个共同基金的描述和评估信息，后来发展成为给世界各地的个人投资者、企业投资者和金融顾问提供客观评论和分析。晨星公司 2005 年上市，现在提供大约 47.3 万份投资产品的数据。现在曼斯威托依然是晨星公司的 CEO，同时是 *Inc.* 杂志和《快公司》杂志（*Fast Company*）的老板。

迪特里希·梅特舒兹
1944 年出生，奥地利
红牛

这位奥地利亿万富翁职业生涯早期是一名销售主管，他先在联合利华工作，后来在德国消费用品公司 Blendax 工作。梅特舒兹有一次去亚洲出差，发现了一种微甜的能量饮料。1987 年，他跟泰国商人许书标、许书恩共同创办了红牛公司来销售这种能量饮料。梅特舒兹调整饮料配方使其更适合西方人的口感，他先在奥地利推出这种饮料，然后扩大到其他市场。红牛的国际广告策略是把饮料和极限运动联系起来，公司由此得到飞速发展。同时，通过赞助极限运动和收购车队，梅特舒兹进一步加强了这种联系。尽管很少露面，梅特舒兹目前依旧积极投身于公司的扩张策略中。

苏尼尔·米塔尔

1957 年出生，印度

巴蒂电信

苏尼尔·米塔尔大学毕业后做过各种各样的生意：卖自行车曲轴，进口铃木移动式发动机。后来他进入电信行业，进口并代工生产西门子和 LG 的手机。1994 年，米塔尔跟英国电信、意大利电信合作提供移动互联网服务。巴蒂电信 2002 年上市，米塔尔自此成为亿万富翁。作为巴蒂电信的董事长和 CEO，米塔尔领导公司在通信领域、零售、金融服务和制造方面不断扩张。

鲁伯特·默多克

1931 年出生，澳大利亚

新闻集团（News Corporation）

默多克 22 岁时，他的父亲去世，这位全球传媒大亨由此继承了自己的第一个企业。经过 15 年的努力，积累到约 5 000 万美元的财富后，默多克开始收购伦敦的大小报社，然后在 20 世纪 60 年代收购美国的报纸。1985 年，通过收购二十世纪福克斯、创办福克斯广播公司，他开始涉足影视行业。他还收购了哈珀柯林斯出版集团（HarperCollins）和《华尔街日报》。目前，默多克仍然是新闻集团的执行主席，致力于获得更多媒体财富。

伊隆·马斯克

1971 年出生，南非

特斯拉、Paypal

生于南非的伊隆·马斯克是名连续创业者，在创立让自己成名的企业前曾经营过多家企业。1999 年，他与人共同创立 X-com 公司，提供在线金融和邮件服务。一年后，X-com 公司跟 Confinity 公司合并，连同其旗下的网上银行 Paypal。在马斯克的带领下，Paypal 飞速发展，2002 年 eBay 以 15 亿元股价将其收购。他后来又投资制造电动汽车的特斯拉公司。马斯克也是美国太空探索技术公司 SpaceX 的创始人，SpaceX 是一家追求创新的航空公司，试图实现太空旅游、探索移居火星的可能。

皮埃尔·奥米迪亚

1967 年出生，法国

eBay、奥米迪亚网络（Omidyar Network）

皮埃尔·奥米迪亚出生于法国，从小就移民到美国。他从波士顿塔夫茨大学毕业后前往苹果子公司 Claris 工作，后来离开 Claris 创立了 Ink Development 公司，从事零售和网络销售业务。Ink Development 公司发展成为网络零售商电子商城 eShop，于 1996 年被苹果公司收购。随后奥米迪亚利用个人网站推出了 eBay，提供拍卖服务。eBay 发展迅猛，1998 年的年度收入就超过了 4 500 万美元。同年，eBay 上市，奥米迪亚成了亿万富翁。他现在时间都花在慈善投资银行奥米迪亚网络（Omidyar Network）上。

拉里·佩奇

1973 年出生，美国

谷歌

谷歌是从拉里·佩奇和谢尔盖·布林在斯坦福大学做的研究生项目中发展而来的，那时他们做这个项目是想要发现更好的网络搜索途径。他们将自己的发明命名为"谷歌"，不仅使得在网络上寻找信息变得更容易，也成为 1998 年公司成立的基础。从那以后，谷歌发展成为互联网巨头，服务涵盖内容搜索、网络广告、流媒体视频（通过 YouTube）、好用的应用程序、云存储、地图、无人驾驶汽车和移动设备等方面。佩奇从 2011 年起担任谷歌的 CEO。

琳达·雷斯尼克

1944 年出生，美国

Roll International（旗下包含斐济水、石榴红、万多福开心果、Teleflora 等诸多品牌）

琳达·雷斯尼克 19 岁时就在洛杉矶开了自己的广告公司。1969 年，她遇到了自己的第二任丈夫斯图尔特·雷斯尼克，十年后夫妇俩收购了鲜花配送服务公司 Teleflora。20 世纪 70 年代至 80 年代期间，他们的经营范围不断扩展，涵盖了柑橘园、开心果和其他一些农场果树，琳达运用自己的营销才干来发展定义自己的产品，使石榴成为美国人熟悉的水果，替万多福开心果推出让人印象深刻的"动起来"（get cracking）广告活动，并成功推出斐济水。

斯蒂芬·罗斯

1940 年出生，美国

瑞联集团

斯蒂芬·罗斯离开贝尔斯登后，于 1972 年创办了瑞联集团。一开始，罗斯想要建立一个从事多元化房地产生意的公司，包括房屋租赁、房地产开发、商用地产和零售物业。罗斯开发的一些最为知名的项目包括纽约时代华纳中心，以及正在建设中的曼哈顿西区的哈德逊广场项目。斯蒂芬·罗斯也是迈阿密海豚橄榄球队和永明体育场（Sun Life Stadium）的老板。

雪莉·桑德伯格

1969 年出生，美国

Facebook

从哈佛大学获得商学院 MBA 学位后，雪莉·桑德伯格在世界银行为拉里·萨默斯（Lany Summers）工作，后来又跟随他到财政部工作，担任他的办公室主任。民主党输掉 2000 年大选后，桑德伯格搬到硅谷，进入互联网世界。被谷歌聘用后，她的事业平步青云；在她的管理下，谷歌的广告业务收入激增。2007 年，Facebook 创始人马克·扎克伯格想要找一名经验丰富的生意伙伴帮他管理 Facebook，他找到了桑德伯格。桑德伯格加入 Facebook，担任首席运营官至今。

埃里克·施密特

1955 年出生，美国

谷歌

埃里克·施密特 2011 年成为谷歌 CEO 时，已经在太阳微系统公司和网维公司等科技公司做了将近二十年主管。据说，谷歌聘请施密特，是需要以他的商业头脑来平衡创始人谢尔盖·布林和拉里·佩奇的技术创新能力。十多年后，施密特因为跟投资商、生意伙伴和政府部门等建立了强有力的对外关系而得到认可。目前他担任谷歌的执行总裁。

霍华德·舒尔茨

1953 年出生，美国

星巴克

霍华德·舒尔茨第一次接触星巴克的时候，正在为一家瑞典公司销售厨房设备和家居用品，那时的星巴克还只是一个小型咖啡烘焙连锁店。1981 年，他以市场总监的身份加入星巴克。在意大利体验过浓缩咖啡后，他提议星巴克也销售浓缩咖啡，但是他的想法遭到了拒绝。1986 年，他离开星巴克开了自己的咖啡店，不久后回归，收购了星巴克，把它变成了以高品质咖啡和浓缩咖啡而知名的咖啡连锁网络。今天，全世界有 5 500 家星巴克店。舒尔茨也在短暂离职后于 2008 年重新担任星巴克 CEO 一职至今。

托马斯·塞康达

1954 年出生，美国

彭博资讯公司

托马斯·塞康达曾与迈克尔·布隆伯格一起在所罗门兄弟公司工作。1982 年，他们合作创办了彭博资讯公司，通过专用系统为金融交易员提供金融数据和分析。塞康达是名技术能手，他设计开发迈克尔·布隆伯格想出的产品。多年来，他担任公司的首席信息官，监督公司新产品的研究开发。目前，塞康达是彭博资讯公司的副董事长。

赫布·西蒙

1934 年出生，美国

西蒙房地产集团、印第安纳步行者篮球队

赫布·西蒙出生于纽约布鲁克林区，22 岁时搬至印第安纳波利斯。他跟哥哥梅尔文给当地一个房地产经纪人干了几年，之后离开，成立了自己的企业，做房地产租赁和开发生意。蒙哥马利沃德百货公司在他们的商场租赁场地后，他们的生意开始起飞；他们跟蒙哥马利沃德百货公司的合作关系帮助他们跟其他主要零售商，比如杰西·潘尼，打开了机会之门。今天，西蒙房地产集团是美国最大的几个购物中心开发商。1983 年，赫布和梅尔文收购了印第安纳步行者篮球队，赫布至今仍是老板。

梅尔文·西蒙

1926 年至 2009 年，美国

西蒙房地产集团

梅尔文·西蒙年轻时搬至印第安纳波利斯，在当地一家地产中介做地产销售。他说服弟弟赫布和弗兰克跟自己一起做。几年后，三兄弟创办了梅尔文·西蒙联合公司（Melvin Simon and Associates），从事房地产租赁和开发业务。梅尔文卓越的领导力和销售能力帮助公司取得了早期的成功。随着公司进一步壮大，梅尔文和赫布分担责任，公司发展成为美国最大的购物中心开发商之———西蒙房地产集团。

亚历克斯·斯潘诺斯

1923 年出生，美国

AG Spanos 公司、圣地亚哥电光橄榄球队

亚历克斯·斯潘诺斯在 27 岁之前都在加利福尼亚斯托克顿市的父亲的面包店里工作。借到 800 美元后，他准备了一辆路边小吃车，卖三明治给那些在种植采摘季节到本地农场工作的临时工。他的这次创业后来发展成为大规模的食宿业务。今天，AG Spanos 已成为美国最大公寓建筑开发商之一。斯潘诺斯拥有圣地亚哥电光橄榄球队 97%的份额。

托马斯·斯泰尔

1957 年出生，美国

法拉龙资本

1986 年，托马斯·斯泰尔在创建对冲基金法拉龙资本管理前，曾在摩根士丹利和高盛工作过。据说斯泰尔是首个吸引到大学捐赠基金投资的对冲基金经理，他的母校耶鲁大学就在首批跟他签约的几所大学中。在 20 年的投资过程中，斯泰尔的基金远远超出市场表现，使投资法拉龙的捐赠基金和个人财产都大幅增长。众所周知，斯泰尔是名环保人士，他 2012 年卖掉自己的法拉龙股票，投身环保，同时支持进步的政党候选人。

格伦·泰勒

1941 年出生，美国

泰勒公司

格伦·泰勒还在读大学的时候就在明尼苏达州当地一个印刷店卡尔森信件业务工作。毕业后，泰勒领导卡尔森信件业务主攻婚礼装饰用品和相关周边业务，使这家小店铺发展成为区域性的大企业。买断老板和其他两名生意伙伴的股份后，他给公司重新命名为泰勒公司，使公司发展成为美国最大的定制印刷和电子印刷公司之一。今天，泰勒仍旧管理着这家私有公司。同时，他也是明尼苏达州森林狼篮球队的老板。

奇普·威尔逊

1956 年出生，加拿大

西滩冲浪、露露柠檬

奇普·威尔逊在加拿大温哥华长大，十几岁的时候去了阿拉斯加输油管道公司工作。据说，他在那里赚了足够多的钱，能够维持自己上完大学，并创办自己的第一个公司——西滩冲浪。公司主要销售威尔逊自己设计的冲浪、溜冰和滑雪的设备。威尔逊 1979 年至 1995 年管理西滩冲浪公司，1997 年由于销售业绩下滑将其卖掉。1998 年，人们对瑜伽兴趣渐增，威尔逊创办露露柠檬销售瑜伽相关用品。尽管一直担任董事会主席，但威尔逊 2005 年前在露露柠檬的任务主要是设计和创新。2013 年，他辞去董事会主席职务，但是在董事会依旧留有席位。

奥普拉·温弗瑞

1954 年出生，美国

《奥普拉·温弗瑞脱口秀》、奥普拉·温弗瑞网络、《奥普拉杂志》

奥普拉·温弗瑞是密西西比人，高中时在一家电台工作，开始了自己的媒体生涯。很快，她转到日间节目，主持访谈节目《早安，芝加哥》（AM Chicago），1986 年更名为《奥普拉·温弗瑞脱口秀》。奥普拉成立了自己的制片公司，出售这个热门的脱口秀节目。奥普拉的这个节目播出了 25 年，现在全世界 100 多个国家都可收看她的节目。她又跟人共同创办了氧气传媒（Oxygen Media）和奥普拉·温弗瑞网络。她的演艺生涯也风生水起，曾获得过奥斯卡金像奖提名，也制作过很多电影和电视连续剧。同时，奥普拉·温弗瑞也利用自己的名气做教育方面的慈善工作。

史蒂夫·永利

1942 年出生，美国

永利度假村

史蒂夫·永利还小的时候他父亲就去世了，给他在马里兰留下了宾果游戏厅连锁店。永利接手管理这些店铺，利用盈利在拉斯维加斯投资酒店和赌场。这使得他不仅能够买卖更多土地，同时翻新扩大其他投资地产。收购拉斯维加斯金砖酒店后，永利将它完全改成赌场式度假酒店，以诸如弗兰克·辛纳屈（Frank Sinatra）等的舞台表演为特色。今天，永利在拉斯维加斯的房地产也包括百乐宫和米拉奇；另外，他还拥有亚特兰大金砖酒店以及澳门永利度假村，据说澳门永利度假村是当地首个具有拉斯维加斯风格的度假村。

柳井正

1949 年出生，日本

迅销集团（旗下有优衣库）

1984 年，柳井正接管父亲制作男装的小店，一年后他在广岛开了第一个优衣库店。作为迅销集团子公司，优衣库重点销售实惠的经典休闲款式衣服。这个想法获得了成功，十年内，优衣库在日本开了100 家店。2000 年，一款有多种颜色的摇粒绒运动衣让优衣库变得家喻户晓，为优衣库在日本和世界各地进一步扩大奠定了基础。今天，迅销集团继续在全球市场发展优衣库品牌，在纽约和伦敦也开有店铺。

马克·扎克伯格
1984 年出生，美国

Facebook

马克·扎克伯格 2002 年被哈佛大学录取，没过多久就成为校内最好的计算机程序员之一。他的计算机编程能力引起了另外三名学生的注意，他们那时候在开发--个匹配项目。扎克伯格加入这个项目，但是很快离开了，跟朋友达斯汀·莫斯科维茨（Dustin Moskovitz）、克里斯·休斯（Chris Hughes）和爱德华多·萨维林（Eduardo Saverin）合作开发社交网络，他们开发出的社交网络就是后来的 Facebook。大二那年，扎克伯格离开哈佛大学，全身心投入到 Facebook 中。他把 Facebook 总部迁至加利福尼亚帕洛阿尔托，从外部引资发展公司。今天，Facebook 在全球范围内拥有超过 10 亿用户。扎克伯格依旧是 Facebook 的 CEO 和董事会主席，同时积极投身慈善活动，尤其是在教育领域。

提起亿万富翁，很多人也许会觉得他们是一些幸运的人，能够抓住机遇创造巨额财富。然而，想要创造亿万财富，不光是靠运气那么简单。根据本书作者的观点，"想要获得亿万财富，亿万富翁必须得做一些非同寻常的事情。好运能帮忙，但是运气只能使百万财富的想法带来百万财富价值。成为亿万富翁需要运气和其他很多东西。"那么，究竟需要运气之外的哪些东西呢？

作者根据调查数据排除了一些常见的误区，比如说年龄、行业、运气等。以行业为例，很多人认为想要白手起家成为亿万富翁，必须得进军科技领域，然而作者调查采访的对象中，科技领域白手起家的亿万富翁比例不到 20%。关于运气这个误区，作者以美国在线的创始人史蒂夫·凯斯为例，他等待了十年才等到自己的好运，这也印证了"有实力才能抓住机遇"这个观点。

那么，亿万富翁，尤其是白手起家的亿万富翁，有哪些特别值得我们了解、学习的品质呢？作者提出了以下几点：创造亿万财富的想法来源、思维模式、行动力、对待风险的态度、领导力。在所有这些品质中，亿万富翁对待风险的态度尤其令我耳目一新。传统的观点是企业家都敢于冒险，然而研究表明，亿万富翁并不是敢于冒险，而是对风险有清晰的认识。投资大师巴菲特说过，投资"主要是在于避免做出愚蠢的决策，而不是在于做出几个非凡的英明决策"。对于白手起家的亿万富翁来说，他们显然深谙此理。以张茵为例，她在中国香港做生意已经做得风生水起，却毅然决定移居美国发展。旁人看来这是在冒险，但对张茵来说，她看到了中国香港发展和美国发展的不同市场和前景，清楚地了解自己的天赋和即将面临的挑战，相比去美国开创新事业，停留原地才是最大的风险。最后，张茵选择移居美国，和丈夫刘名中携手创建了他们的亿万财富帝国。

对于想增长财富的人来说，学习这些白手起家的亿万富翁的风险掌控能力非常有必要。以理财为例，现在很多人开始理财，有些人进入某一领域是综合考虑了自身的资产实力、风险承受能力以及市场知识的，他们知道自己能承受多大的风险，并且知道如何规避风险，但有些人不去评估自己的资产实力、风险承受能力以及市场知识，理财只靠他人指点和小道消息。这两种人面临的风险就截然不同，最终很容易出现的结果就是前者更能避免做出愚蠢的决策，而后者更容易做出愚蠢的决策。

通过这本书，我对亿万富翁这个群体有了很多不同的认识，摒弃了一些老生常谈的偏见，开始思考如何学习亿万富翁的过人之处。自律、有耐心、有想法、有行动、善于学习，等等，说起来都是一些简单朴素的道理，但作者通过讲述一众大家耳熟能详的亿万富翁，如迈克尔·布隆伯格、T. 布恩·皮肯斯、乔·曼斯威托、迪特里希·梅特舒兹，等等，让这些简单朴素的道理变得生动活泼起来，读起来妙趣横生、引人深思。什么是好书？根据不同的需求有不同的标准，但就激起人思考探索这方面，这本书可以说是本不折不扣的好书。

翻译本书的过程中，我得到了很多朋友的帮助，他们是赵学玲、李香兰、赵丽、杨成飞、马国梁、华丽静、王丹，他们对译稿提出了很多宝贵的意见，也在其他方面对我提供了种种帮助，在此对他们表示衷心的谢意。

未来，属于终身学习者

我这辈子遇到的聪明人（来自各行各业的聪明人）没有不每天阅读的——没有，一个都没有。巴菲特读书之多，我读书之多，可能会让你感到吃惊。孩子们都笑话我。他们觉得我是一本长了两条腿的书。

——查理·芒格

互联网改变了信息连接的方式；指数型技术在迅速颠覆着现有的商业世界；人工智能已经开始抢占人类的工作岗位……

未来，到底需要什么样的人才？

改变命运唯一的策略是你要变成终身学习者。未来世界将不再需要单一的技能型人才，而是需要具备完善的知识结构、极强逻辑思考力和高感知力的复合型人才。优秀的人往往通过阅读建立足够强大的抽象思维能力，获得异于众人的思考和整合能力。未来，将属于终身学习者！而阅读必定和终身学习形影不离。

很多人读书，追求的是干货，寻求的是立刻行之有效的解决方案。其实这是一种留在舒适区的阅读方法。在这个充满不确定性的年代，答案不会简单地出现在书里，因为生活根本就没有标准切的答案，你也不能期望过去的经验能解决未来的问题。

湛庐阅读APP：与最聪明的人共同进化

有人常常把成本支出的焦点放在书价上，把读完一本书当做阅读的终结。其实不然。

时间是读者付出的最大阅读成本
怎么读是读者面临的最大阅读障碍
"读书破万卷"不仅仅在"万"，更重要的是在"破"！

现在，我们构建了全新的"湛庐阅读"APP。它将成为你"破万卷"的新居所。在这里：

- 不用考虑读什么，你可以便捷找到纸书、有声书和各种声音产品；
- 你可以学会怎么读，你将发现集泛读、通读、精读于一体的阅读解决方案；
- 你会与作者、译者、专家、推荐人和阅读教练相遇，他们是优质思想的发源地；
- 你会与优秀的读者和终身学习者为伍，他们对阅读和学习有着持久的热情和源源不绝的内驱力。

从单一到复合，从知道到精通，从理解到创造，湛庐希望建立一个"与最聪明的人共同进化"的社区，成为人类先进思想交汇的聚集地，共同迎接未来。

与此同时，我们希望能够重新定义你的学习场景，让你随时随地收获有内容、有价值的思想，通过阅读实现终身学习。这是我们的使命和价值。

湛庐阅读APP玩转指南

湛庐阅读APP结构图:

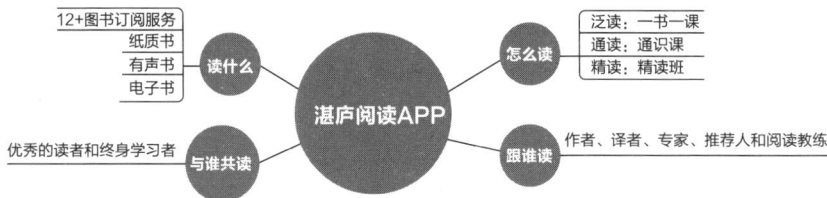

12+图书订阅服务
纸质书
有声书
电子书

读什么

湛庐阅读APP

与谁共读

优秀的读者和终身学习者

怎么读

泛读:一书一课
通读:通识课
精读:精读班

跟谁读

作者、译者、专家、推荐人和阅读教练

三步玩转湛庐阅读APP:

听一听 ▼

泛读、通读、精读,
选取适合你的阅读方式

精读所 一书一课
通识课

读一读 ▼

湛庐纸书一站买,
全年好书打包订

书城

扫一扫 ▼

买书、听书、讲书、
拆书服务,一键获取

扫一扫

使用APP扫一扫功能，
遇见书里书外更大的世界！

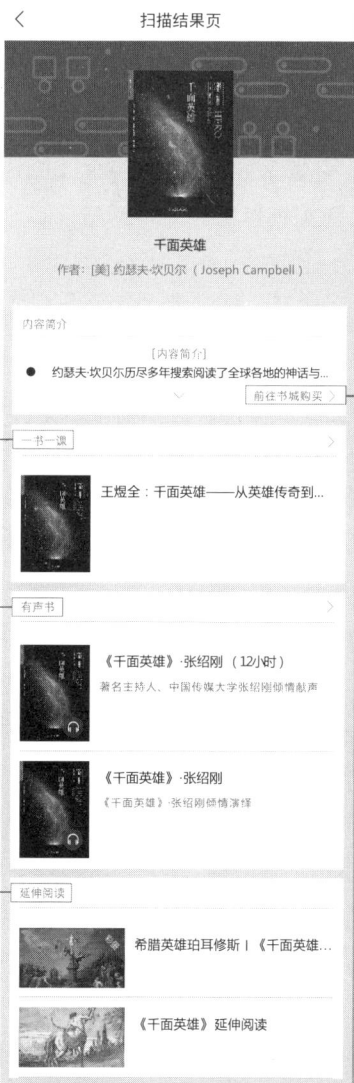

‹　　扫描结果页

千面英雄
作者：[美] 约瑟夫·坎贝尔（Joseph Campbell）

内容简介

[内容简介]
● 约瑟夫·坎贝尔历尽多年搜索阅读了全球各地的神话与…

前往书城购买 ›

快速了解本书内容，
湛庐千册图书一键购买！

一书一课　　　　　　　›

王煜全：千面英雄——从英雄传奇到…

大咖优质课、
献声朗读全本一键了解，
为你读书、讲书、拆书！

有声书　　　　　　　　›

《千面英雄》·张绍刚（12小时）
著名主持人、中国传媒大学张绍刚倾情献声

《千面英雄》·张绍刚
《千面英雄》·张绍刚倾情演绎

你想知道的彩蛋
和本书更多知识、资讯，
尽在延伸阅读！

延伸阅读

希腊英雄珀耳修斯 I《千面英雄…

《千面英雄》延伸阅读

延伸阅读

《沃伦·本尼斯经典四部曲》

◎ 沃伦·本尼斯被称为"领导力之父"，是组织发展理论的先驱，以关于领导艺术的著作而闻名，其经典四部曲分别是《领导者》《成为领导者》《七个天才团队的故事》《经营梦想》，对我们了解近代西方领导力思想、认识现代组织的领导力真谛，迎接当下和未来的领导力挑战，具有重要的意义。

◎ 沃伦·本尼斯使领导学成了一门学科，为领导学建立了学术规则。他打破陈见，率先指出以人为本、更加民主的领导者更适合应对复杂多变的当代环境。

使用"湛庐阅读"APP，
"扫一扫"获取本书更多精彩内容
ISBN 978-7-213-07633-6

《重新定义人才》

◎ 本书提供了一张深具启发性的路线图，任何组织都可以利用它来创建与组织战略具有直接关联性的员工管理策略。

◎ 全球管理大师人力资源之父戴维·尤里奇、领导力教练权威马歇尔·戈德史密斯、万科集团执行副总裁兼首席人力资源官陈玮、联想控股人力资源部总经理高强、中兴通信全球人力资源总监曾力、中国人民大学劳动人事学院教授刘松博、和君商学院首席管理学家丛龙峰联袂推荐！

使用"湛庐阅读"APP，
"扫一扫"获取本书更多精彩内容
ISBN 978-7-213-07162-1

《未来在等待的人才》

◎ 有趣、有料、有方法，25道思考题，全面提升你的思维广度与深度！

◎ 哈佛、牛津的入学试题，传达出国际名校在筛选和培育人才上，更重视启发、锻炼思考力的教育理念，在课程中更强调不断反复练习、锻炼哲学思辨能力，注重了解学生对问题的思考解析能力。它像一面镜子，让我们再次反思"强调知识的学习"的中式教育。

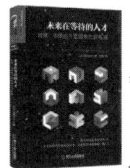

使用"湛庐阅读"APP，
"扫一扫"获取本书更多精彩内容
ISBN 978-7-213-07338-0

《精要主义》

◎ 在这个过度互联、选择呈指数级增长的时代，高效能人士已难以应对，当下最重要的，是成为一名精要主义者。

◎ 本书介绍了精要主义者的思维模式，并将这种模式转化为一种系统化的程序，助你摆脱无意义的多数，专注有意义的少数，成就有意义、有目的的人生。对于那些想要重新掌控自己的健康、幸福与快乐的人来说，这是一本必读之作。

使用"湛庐阅读"APP，
"扫一扫"获取本书更多精彩内容
ISBN 978-7-213-07229-1

图书在版编目（CIP）数据

高价值创造者的 5 个思维习惯 /（美）史维奥克拉，科恩著；马杰译 . —杭州：浙江人民出版社，2017.7

ISBN 978-7-213-08076-0

Ⅰ.①高…　Ⅱ.①史…　②科…　③马…　Ⅲ.①企业管理 – 研究

Ⅳ.①F272

中国版本图书馆 CIP 数据核字（2017）第 138746 号

上架指导：企业管理 / 商业思维

浙江省版权局
著作权合同登记章
图字：11-2017-31 号

高价值创造者的 5 个思维习惯

［美］约翰·史维奥克拉　米奇·科恩　著

马　杰　译

出版发行：浙江人民出版社（杭州体育场路 347 号　邮编　310006）

　　　　　市场部电话：（0571）85061682　85176516

集团网址：浙江出版联合集团　http://www.zjcb.com

责任编辑：方　程

责任校对：戴文英

印　　刷：河北鹏润印刷有限公司

开　　本：720mm×965mm 1/16　　印　　张：14.75

字　　数：163 千字　　　　　　　插　　页：2

版　　次：2017 年 7 月第 1 版　　印　　次：2017 年 7 月第 1 次印刷

书　　号：ISBN 978-7-213-08076-0

定　　价：59.90 元